액세스가 거부되었습니다

전지적 여성 시점으로 들여다보는
테크 업계와 서비스의 이면

액세스가 거부되었습니다

조경숙 지음

세상을 바꾸는 건
기술이 아니라 관점이다

"이 정도면 천국이야."

수년간 여러 회사를 거치며 가장 많이 들었던 말이다. 회사마다 '다른 곳에 비하면 여긴 정말 좋은 곳'이라며 힘주어 언급하는 이들이 한 명씩은 꼭 있었다. 그 말 뒤에는 으레 자신이 겪었던 최악의 경험담이 따라붙었다. '나 때는 말이야'로 시작하는 흔한 레퍼토리였지만, 그 안에 담긴 노동의 경험은 실로 척박했다. 야근수당은커녕 식비조차 못 받고 밤샘 근무를 하다 병원에 실려간 것부터 고객사의 자질구레한 비품을 대신 구매해주느라 개발예산을 도리어 깎아야 했던 일까지. 놀라운 건 그 모든 게 십수 년이 아니라 고작 몇 년 전에 일어났다는 사실이다.

테크 업계에 대해 글을 써야겠다고 마음먹은 건 그때부터였다. 선배들이 지나온 고된 여정, 지금도 누군가 겪고 있을 고통을 기록하고 싶었다. 동시에 내가 근무하는 일터와 매일 하는 노동을 이해하고 싶었다. 내가 덧붙이는 코드는 어떤 의미가 있는 걸까. 변화하는 기술 트렌드에 발맞춰야 한다는 의무감은 어디서 오는 걸까.

나는 2011년부터 테크 업계 안팎에서 일했다. 업무용 시스템의 유지보수를 맡기도 했고, 스타트업에 입사해 새로운 웹 서비스를 만드는 데 골몰하기도 했다. 여러 조직을 거치고 난 지금은 프리랜서 개발자로 일하고 있다. 어느 업계나 저마다의 비밀이 있겠지만, 테크 업계는 얼핏 보기에도 모순이 많은 곳이다. 개발자 연봉이 억대를 호가한다는 뉴스가 쏟아지던 게 불과 얼마 전인데, 이제는 직원을 어떻게든 잘라내려 한다. 특히 이러한 대규모 해고 사태는 '꿈의 직장'이라 불렸던 글로벌 빅테크가 되려 앞장서고 있다. 시장에 대담하게 도전장을 내밀었다고 평가받는 스타트업 CEO 중에는 마찬가지로 대담하게(?) 자기 학력을 위조하는 이들도 있다. 테크 기업들은 혁신적인 서비스만이 아니라 어처구니

없는 사건사고로도 사람들을 깜짝 놀라게 한다. 진보적인 메시지와 보수적인 경영방침이, 혁신적인 기술과 구시대적인 관행이 공존하는 곳. 세상을 변화시키는 것이 구성원 모두의 미션이라고 자부하지만, 업계 전반의 모습만큼은 결코 바꾸려 하지 않는 곳. 그곳이 바로 테크 업계다.

이 책은 테크 업계가 말하지 않고 보지 않는 것에 주목한다. 메신저 앱에서 일어나는 디지털 성폭력은 IT 서비스를 기반으로 일어나고 있지만, 많은 테크 기업이 이러한 범죄에 적극적으로 대응하지 않는다. 서비스 제공자로서 책임을 지기보다 서비스를 오용한 악성 사용자를 탓한다. 이 외에도 실효성 없는 웹 접근성, 여성들이 잇따라 죽어감에도 제대로 구축되지 않는 젠더범죄 데이터 등 테크 업계가 그토록 추구하는 기술혁신은 약자들의 피해 앞에서 침묵을 지킨다.

테크 업계가 방조하는 건 이뿐만이 아니다. 내부의 노동문제도 있다. 신입을 채용할 때도 실력을 우선한다는 말은 어딘가 모순적이다. 코딩테스트나 사전과제라는 이름으로 사실상 '무급노동'이 이뤄지기도 한다. 업계 진입도 쉽지 않지만 살아남는 건 더 어렵다. 이 책은 테크 업계라는 기울어진 운동장에서 고군분투하는 여성 기술 노동자와 언제나 무시되기 일쑤인 유지보수 노동자 들을 다룬다. 이 책을 통해 테크 업계와 IT 서비스 바깥으로 밀려나는, 말 그대로 '액세스가 거부된' 장면을 독자 분들과 함께 조망하려 한다.

*

1부 '전지적 여성 시점으로 본 IT 서비스'는 우리가 매일같이 접속하는 포털사이트, 음식 주문을 위해 접속하는 배달앱 등 정보기술을 통해 제공되는 IT 서비스를 중점적으로 다룬다. IT 서비스는 우리 사회 곳곳에 있는 문제를 고스란히 투영할 뿐만 아니라 때로는 가속한다. 대중교통에서 차별받는 장애인은 IT 서비스에서도 유사한 차별을 겪고, 여성을 대상으로 자행되는 성폭력은 기술과 만나 디지털 성범죄로 이어진다. 페이스북이나 인스타그램 같은 SNS는 그루밍 성범죄, 사이버 스토킹의 온상이 됐다. 인공지능 챗봇과 같이 새롭게 부상한 IT 서비스는 우리에게 새로운 경험을 안겨주는 동시에, 이전에는 드러나지 않았던 리스크도 만들어낸다. 1부는 이처럼 IT 서비스의 편리함에 가려져 수면 위로 올라오지 못했던 이야기를 그러모았다.

2부 '업계 한복판에서 체감하는 테크 노동의 현실'은 테크 업계의 노동에 주목한다. 시스템을 개발하는 사람을 개발자라고 부른다는 것 정도는 누구나 알고 있다. 하지만 하나의 서비스를 만들어내는 데 누가 참여하며 어떤 역할을 맡는지는 대체로 잘 모른다. 프로젝트 매니저, UI·UX 디자이너, 인프라 엔지니어, 소프트웨어 아키텍처 등 개발자 외에도 여러 직군의 종사자가 IT 서비스를 기획하고 만들어나간다. 개발자 직군이 테크 업계를 과대 대표하는 현상 속에서 여러 직군이 지워지는 것을 목격해왔기에, 나는 독자분들께 '개발자'를 '개발진'으로 바꿔 부르자고 제안하고 싶다.

한편 어떤 앱을 사용하든 누구나 한 번쯤 '00시부터 02시까지 정기 점검으로 인해 서비스가 중단됩니다'는 식의 공지를 받아본 적이 있을 것이다. 사용자가 많은 시간대를 피해 보통 새벽녘에 이뤄지는 점검 작업은 우리가 잠들어 있는 시간에 누군가 일하고 있다는 사실을 상기시킨다. 실제로 테크 업계는 야근이 잦은 편이다. 그뿐만 아니라 최신 기술을 빠르게 학습해야 한다는 강박도 심하다. 테크 업계의 노동자 중 상당수는 밤늦게까지 일하고 집으로 돌아와서도 직장에서 밀려나지 않으려 인터넷 강의를 켜거나 책을 펼친다. 이런 상황에서 테크 업계는 유연근무제도를 통해 노동자들에게 삶의 질을 보장한다고 강변한다. 그러나 유연근무가 '일·가정 양립'의 정답은 아니며, 오히려 더 많은 질문을 던진다고 봐야 한다. 2장은 이처럼 코딩테스트와 사전과제가 줄줄이 매달린 노동시장 진입부터 업계에서 당연시되는 대규모 해고와 러닝커브에 이르기까지 테크 업계의 주요한 노동 이슈를 하나하나 살펴본다.

*

이 책은 여성-노동자로서 살아온 경험과 시선을 바탕으로 엮은 테크 업계 관찰기다. 2021년부터 2023년까지 주간지《시사IN》에 연재한 칼럼을 모으고 주제의식을 발전시켰다. 책이 나오기까지 많은 분의 도움이 있었음을 기록하고 싶다. 칼럼 연재를 제안해준《시사IN》편집부와 책을 만들기까지 함께한 휴머니스트 출판사, 추천사를 수락해주신 임소연 교수님께 감사드린다. 또한 곁에서 응원과 지지를 보내주는 가족과 지적 여정을 함께해주는 동료들이 있었기에 이 책이 나올 수 있었다.

기실 세상을 바꾸려는 서비스는 많다. 이미 세상을 바꿨다고 평가받는 서비스도 있다. 그런데 세상이 그토록 많이 바뀌었다는데도 삶이 좀처럼 나아지지 않는 이유는 뭘까. 의미 있는 서비스도 있지만, 자본으로 밀어붙여 사용자를 대거 확보한 후 생태계를 위협하는 플랫폼이 더 많이 두드러지기 때문이다. 이런 플랫폼에 한 번 길들면 문제를 알아도 빠져나오기 쉽지 않다.

테크 산업은 언제나 상향하는 주식 가치를 욕망하고 이를 위해 내달린다. 이 같은 행로는 자본주의 사회에서 당연한 일일지도 모른다. 그러나 그렇게 진행된 결과는 어떤가. 극소수의 사람만이 아주 커다란 부를 쥐고 대다수의 구성원은 소모품처럼 메말라간다. 사람들이 기술로 인해 정말 더 행복해졌는지 아무도 확신할 수 없다. 테크 업계가 정말로 '혁신'을 이루고자 한다면, 자본의 이익에 복속하는 지금의 관성을 깨고 많은 이가 함께 참여하는 민주적 생태계를 만들수 있어야 한다.

오늘날 기술의 발전은 광풍과도 같다. 기술의 폭풍우에 휩쓸린 사람들은 자신이 어디로 날아가고 있는지 가늠하는 것도 쉽지 않다. 가야 할 곳은 둘째 치고 지금 가고 있는 곳조차 모른다면 기술이 어떻게 인류의 도구일 수 있을까. 그건 오히려 재난에 가깝지 않을까. 그러나 한 치 앞도 보이지 않는 상황일수록 시선이 중요하다. 밀려나가는 것을 응시하는 행동이야말로 우리 사회의 향방을 가늠하는 나침반이 되어주리라 믿는다. 언제나 그랬듯, 세상을 바꾸는 건 기술이 아니라 관점이다.

차례

2부. 업계 한복판에서 체감하는 테크 노동의 현실

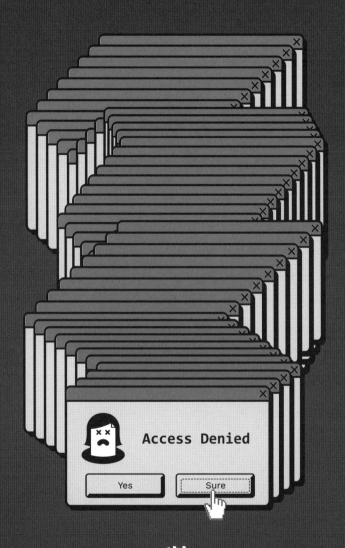

1부

전지적 여성 시점으로 본
IT 서비스

서비스를 제대로 만들기 위해서는 만드는 사람도 자기가 다루는 콘텐츠가 무엇인지 알아야 한다. 서비스는 사용자와 만나 무언가를 함께하는 일이다. 이때 만남은 만나는 순간만으로 이뤄져 있지 않다. 만나서 대화하고 함께 무언가를 하다가 헤어지는 모든 순간이 만남을 구성한다. 우리는 이렇게 만들어진 관계를 어떻게 책임질 것인가? 어떤 서비스든 이 물음에 답해야 할 때가 온다.

"이거 안 되는데요?"
개발자 '독성 말투'의 이면

★ ★ ★ ★ ★

오래전 다니던 회사의 화장실은 유난히 크고 어두웠다. 화장실에 들어가면 종종 누군가의 울음소리가 들리곤 했다. 훌쩍이며 숨죽여 우는 사람도 있었고, 화장실 바깥으로 소리가 새어 나갈 정도로 목 놓아 통곡하는 이도 있었다. 화장실 출입문에서 가장 멀리 떨어진 마지막 칸은 누군가 울음을 쏟아내는 자리였다. 눈물을 닦느라 소진된 휴지 가운데는 내 지분도 상당수 포함되어 있었다.

울고 나면 빨갛게 달아오른 눈매를 파운데이션으로 꾹꾹 눌렀다. 누가 봐도 펑펑 운 모습으로 세면대 앞에서 화장을 고치다 보면, 전혀 모르는 타 부서 사람이라도 격려하는 말을 건넸다. "운 거 티 하나도 안 나요. 괜찮아요." 화장실 바깥으로 나서면 모두들 모르는 척해줬다. 눈물을 달고 다니던 신입사원 시절엔 그 다정한 외면이 정말로 고마웠다.

이걸 가르쳐준다고 알아듣겠어? 이것도 안 배우고 뭐 했어? 여긴 학교가 아니잖아. 그런 정신머리로 뭘 해. 나를 괴롭게 한 건 엔지니어들의 가시 돋친 언어 습관이었다. 그들은 똑같은 말을 해도 좀 더 무례하게 하는 법을 잘 알았다. 상대의 자존감을 꺾어야만 입을 열 수 있다는 듯이. 가장 어처구니없었던 건 외부 미팅에 나갔을 때였다. 회의하던 중 갑작스럽게 대화가 업무 협의가 아니라 최신 기술에 대한 지식 경쟁으로 흘러갔는데, 주로 프론트엔드 기술과 관련한 것이었다. 내가 백엔드 개발자라는 사실을 서두에 밝혔는데도 그는 최신 프론트엔드 기술에 대해 일장연설을 하더니 이내 입을 삐죽거렸다.● "이런 것도 모르면서 프론트엔드 개발자라고 하실 수 있어요?" 아니, 저 백엔드라니까요! 제가 언제 프론트엔드 개발자라고 그랬냐고요. 소리라도 빽 지르고 싶었지만 아무튼 그가 '갑'이었기에 목구멍 밖으로 차오

● 개발도 다양한 영역이 있다. 웹/앱 서비스는 크게 프론트엔드(Front-end) 개발과 백엔드(Back-end) 개발로 나뉜다. 프론트엔드 개발은 사용자가 직접적으로 상호작용하는 인터페이스 등을, 백엔드 개발은 인터페이스 뒤에서 이뤄지는 서버 비즈니스 로직 등을 담당한다.

르는 말을 꾹 눌렀다.

실리콘밸리에서는 엔지니어들이 퍼붓는 가시 돋친 말투를 '독성 말투Toxic Tone'라 일컫는다. 개발자들의 감정지능 향상을 목적으로 하는 컨설팅 기업 '컴패셔네이트코딩'의 창립자인 에이프릴 웬젤은 2016년 자신의 블로그에 〈독성 말투로 가득한 테크 업계, 이제 고쳐보자〉라는 글을 썼다.[*] 그는 이 글에서 엔지니어들의 독성 말투("이런 것도 모르냐?" "이건 어차피 작동 안 할 거다.")가 가진 특성을 하나하나 짚는다. 감정이 담기지 않은 기계적인 말투, 정보를 알려주기 전에 쓸데없이 거들먹거리는 태도, 새로운 정보/기술 앞에서 구체적인 근거 없이 비판하는 자세 등. 글에 따르면 이러한 태도는 실제로 일터에 부정적 영향을 미칠 뿐 아니라 부정적 커뮤니케이션을 보완하기 위한 사회적 비용을 추가로 지출하게 한다.

그러나 엔지니어들의 말투는 표면적인 결과일 뿐이다. 물론 개인의 성향 차이도 한몫하지만, 차가운 말투는 엔지니어가 스스로를 방어하기 위해 더 날카로워진 면도 있다. 빡빡한 일정, 과중한 업무, 나아가 이로 인한 스트레스마저 오

* April Wensel, "Tech has a Toxic Tone Problem—Let's Fix It!", *Compassionate Coding*, 2016. 08. 25.

롯이 개인이 해결해야 할 책무로 전가하는 조직문화 속에서 사람들은 서로에게 더욱 가시를 세웠던 것이다.

—— '비전공자'가 테크 기업에 들어갈 수 있었던 이유

대학교에서 컴퓨터 관련 학과를 전공하지 않은 사람은 테크 회사에서 '비전공자'로 불린다. 학부에서 국어국문학을 전공한 나에게도 엄연히 전공이라는 게 있었지만, 그런 건 맞춤법 검사가 필요할 때나 호명됐다. 컴퓨터공학, 기계공학, 전자공학 등 공대를 졸업했거나 수학교육과, 통계학과, 컴퓨터교육과 등 최소한 이과 출신인 사람들만 전공자로 대우받았다. 신입 시절엔 으레 사람들이 "경숙님, 혹시 전공이세요?"라고 물었고, "아뇨, 저 비전공이에요."라고 대답하고 나면 뒤이어 전공이 무어냐고 다시 묻지 않았다. 물어볼 필요가 없는 질문이었던 것이다. "비전공인데도 잘하시네요." 맡은 부분을 끝내고 난 신입사원으로서 내가 들을 수 있는 최고치의 칭찬에는 언제나 '비전공'이라는 꼬리표가 붙었다.

　'비전공자'인 내가 개발자로 입사할 수 있었던 건 기업이 내세운 새로운 인력 운용 전략 덕택이었다. 2000년대 이전까지만 해도 대다수의 SI 기업이 컴퓨터공학 전공자를 중심으로 채용을 진행했다.* 그러나 2000년대 초반부터 채용 방식이 바뀌었다. 삼성 SDS, LG CNS, SK C&C 등 주요 SI 기업이 일제히 '비전공자'를 뽑기 시작한 것이다.

업계 인사팀 관계자들은 "이를테면 언론사에 IT 서비스를 제공하기 위해서는 언론을 아는 신문방송학과 출신의 직원에게 IT를 교육하는 것이 훨씬 효과적"이라고 말한다. IT 전공자에게 언론사 시스템을 가르치는 것보다 훨씬 효과적인 방법이라는 것.**

한 언론 기사에 쓰인 이 짤막한 문구는 비전공자 채용과 관련한 몇 가지 사실을 보여준다. 당시 SI 기업들은 기존 프로세스를 자동화하는 시스템을 만드는 프로젝트에 열중했다. 대표적인 예가 2002년 서울시 신교통 시스템 구축사업

● SI는 '시스템 통합(System Intergration)'의 약자다. 현재 대한민국 SI 산업의 Top 3 업체는 삼성 SDS, LG CNS, SK C&C로, 업계에서는 흔히 '빅 3'라 불린다. 세 기업 중 가장 처음 설립된 회사는 삼성 SDS로, 1985년 삼성그룹에서 계열사별로 분산되어 있던 전산실을 하나로 통합했다. 이후 1987년에는 LG그룹이, 1991년에는 SK그룹이 계열사 내 전산실을 하나로 합쳐 각각 STM, SK C&C라는 이름으로 회사를 설립했다. 빅 3 업체 모두 모회사의 전산실을 통합했다는 점에서 SI라는 단어는 매우 직설적이다. SI 기업은 분산되어 있는 정보를 한눈에 볼 수 있도록 통합하는 시스템을 구축한다. 학생들의 성적을 통합 관리하는 NICE 같은 서비스가 바로 SI 업체가 만들어낸 통합 시스템이다.

●● 이구순 기자, "IT전문가, IT서비스 업체 입사가 '지름길'", 《머니투데이》, 2006. 06. 01.

이다. 버스와 지하철을 교차 이용할 경우 환승할인 혜택을 받을 수 있는 '서울시 T머니 교통카드 시스템'이 바로 이때 탄생했다. 교통 시스템을 새롭게 설계하기 위해서는 사람들이 어떤 교통수단을 주로 이용하고 승차요금은 어떻게 계산하며 이때 발생하는 문제가 무엇인지 등 지금까지의 교통 시스템을 면밀히 파악해야 한다. SI 기업이 주로 하는 프로젝트는 현장의 업무 프로세스를 시스템 안으로 완전히 옮기는 일이었다. 이 때문에 채용 시장에서도 기술 그 자체를 고도화하는 기술적 전문성보다 현장에 대한 이해와 고객사와의 소통능력을 우선시했다.

SI 기업에게 기술은 중요했지만, 동시에 중요하지 않았다. SI 기업이 '사용'할 기술자는 차고 넘쳤다. 기업 안에 기술자가 없으면 하청업체에서 빌려오면 그만이었다. 프로젝트를 발주하는 '갑'과 이를 수주하는 '을'을 넘어, '을'의 하청인 '병', '병'의 하청인 '정'…. 개발자는 하청의 하청의 하청업체를 통해서라도 구해졌다.

SI 기업마다 비전공자를 채용해 프로그래밍 교육을 하는 기초교육 기간이 있다. 전공과 무관한 신입사원을 채용했던 회사에 들어간 나는 3개월 정도 합숙 교육연수에 참여했다. 신입사원 100여 명이 도심에서 멀리 떨어진 곳에서 외출도 휴가도 금지된 상태로 교육을 받았다. 매일 오전 8시 30분에 전날 수업받은 내용에 대한 필기시험을 치렀고, 시험이 끝나고 나면 오전 9시부터 오후 6시까지 프로그래밍 강의를 들었다. 저녁식사를 하고 난 뒤에는 오후 7시부터 다시 강의실에 모여 주어진 개발실기 과제를 풀었다. 자정을 넘기는 일이 다반사였다. 하나의 강의실마다 10명이 넘는 사원이 나란히 앉아 똑같은 과제를 풀었지만, 서로 대화를 나누는 일은 엄격히 금지됐다. 당연히 인터넷이나 모바일 기기 사용도 불가능했다. 모든 답은 혼자 생각해내야 했다.

교육 과정은 프로그래밍에 대한 지식을 알려주는 것에만 그치지 않았다. 합숙훈련은 야근과 주말 출근이 잦고 장기간 강도 높은 업무환경에 노출되는 실제 SI 프로젝트의 업무 강도를 모사했다. 프로그램을 운영하는 담당자들은 3개월의 합숙훈련에서 신입사원들이 코딩 능력을 함양할 뿐만 아니라 올바른 스트레스 관리법을 찾아내야 한다고 강조했다. 매일 시험과 과제가 이어지는 압박적인 루틴 속에서 스트레스를 스스로, 건강하게 해소할 수 있는 멘탈을 만드는 것 역시 하나의 과제였다.

스트레스 관리마저 일하는 사람의 몫이라니

나는 그해 신입사원 교육연수의 스트레스 관리 우수 사례자로 선정됐다. 연수가 끝나고 수개월이 흐른 뒤에 교육팀에서 나를 찾아와 인터뷰를 요청했다. 주요한 내용은 스트레스 관리법에 대한 것이었다. 질문을 받는 순간 머릿속이 완전히 하얗게 변해버렸다.

그들이 말한 '스트레스'는 절친한 친구의 죽음이었다. 합숙훈련이 시작되고 얼마 지나지 않았을 때의 일이다. 강의를 듣는 중이라 미처 받지 못한 핸드폰에는 부재중 전화 한 통이 들어와 있었다. 쉬는 시간에 다시 전화를 걸었다가 충격적인 소식을 접했다. 친구가 사고에 휩쓸려 사망했으며, 현재 장례식이 진행 중이라는 이야기였다. 곧이어 다시 강의시간이 되어 전화를 끊고 자리에 앉았지만, 수업 내용이 머릿속에 하나도 들어오지 않았다. 수업이 끝난 뒤 교육 담당자를 찾아가 장례식장에 갈 수 있는지 물었다. 일과시간이 끝난 뒤에 저녁식사 시간을 이용해 다녀오겠다고 말을 꺼냈는데, 지금 생각해도 정말 놀라운 반응이 돌아왔다.

"지금 연수원에서 나가면 다시는 들어올 수 없어요. 이 연수 과정이 공짜인지 알아요? 이건 경숙씨네 팀에서 300만 원이나 내서 교육받는 거예요. 지금 당장 팀장에게 전화해서

300만 원짜리 훈련 과정 포기하겠다고, 죄송하다고 하세요."

입사하자마자 교육에 투입되어 팀장이 누구인지 일면식도 없었고, 사회생활이 처음이라 모든 게 긴장 상태였던 때였다. 300만 원이라니? 아직 월급을 받아보지 못한 내게 300만 원은 너무 큰돈이었다. 무엇보다 내가 교육을 받아야 하는 '비전공'이기 때문에 회사가 '구태여' 손해를 본다고 누차 이야기를 들었기 때문에 여기에 더 항변하기 어려웠다.

핸드폰은 수시로 반납해야 했고, 쉬는 시간은 너무 짧았다. 조언을 구할 수 있는 시간도, 사람도 찾지 못했다. 한 차례 더 요청했지만 단호하게 거절당했고, 나는 울면서 수업을 받아야 했다. 결국 장례식에 참여하지 못했던 나는 한동안 친구에 대한 죄책감에 시달렸다. 끊임없이 우울감과 괴로움에 시달렸던 내가 3개월의 연수를 무사히 마칠 수 있었던 건 대단한 스트레스 관리법을 터득해서가 아니라, 함께 연수받던 동기들의 지극한 위로와 배려 덕택이었다.

담당자가 찾아와 인터뷰해달라고 했던 건 이 때문이었다. 내가 간신히 넘은 통곡의 산이 그들에게는 그저 하나의 스트레스였다는 사실에 마음이 무너졌다. 카메라 앞에서 대답을 머뭇거리자 그는 보다 강경하게 대답을 요청했다. "그때 꼭 외출하지 않았어도 잘 끝났잖아요. 어떤 돌발상황이 생기더라도 외출하지 않고 안에서 해결할 수 있다고 얘기해주세요. 스트레스 관리법을 터득할 수 있다고요."

대답을 종용하는 그는 기계 같았고, 인풋과 아웃풋이 명확해 보였다. 내게 커다란 죄책감을 남긴 사건에 대해 가볍게 말하는 차갑고 매몰찬 태도를 견디기 어려웠다. 그러나 돌이켜 보면 개별 담당자의 잘못은 아니었다. 그 역시 상사에게 보고했으나 거절당했을 것이고, 인터뷰 또한 지시받은 일이었을 테니까. 게다가 현업에 배치되고 시간이 흐른 뒤 그가 그런 말투와 태도를 고수한 이유를 다소 알 것만 같았다. 차갑고 기계적인 말투, 공감이 결여된 태도에는 SI 업계 노동자들이 겪어온 경험이 켜켜이 쌓여 있었다. 일터의 위치부터 환경, 근무시간과 회식 등 여러 면에서 SI 업계의 엔지니어들은 대체로 '사람다운 대우'를 받지 못했다.

언젠가 내가 이런 경험을 털어놓자 다른 회사의 동료가 내 등을 토닥거리며 자신의 경험을 말해준 적이 있다. SI 기업들은 종종 개발자를 고객사로 파견 보내 그곳에서 근무할 것을 지시한다. 그때 그는 하필 집에서 편도 2시간이 넘는 외곽의 공장으로 배정되었다. 정시에 운영되는 셔틀버스를 제외하면 대중교통이 거의 다니지 않는 곳이었다. 심지어 야근도 많아 아침 일찍 출근해 자정이 넘는 시간까지 사무실에 머무르는 탓에 항상 버스가 끊겼다.

교통 사정도 나빴지만 그보다도 열악한 건 근무환경이었

다. 한 번은 고객사에서 신입사원을 채용해 자리가 모자란 탓에 사무실을 빼달라고 요청했다. 모니터와 컴퓨터 본체를 싸들고 자리를 옮겼는데, 새로운 자리는 공장 지하의 구석진 방 한 칸이었다. 방문 하나를 사이에 두고 밖에서는 방호복을 입은 노동자들이 컨베이어 벨트에서 일을 하고 있었는데, 그에게는 최소한의 안전장비 하나 지급되지 않은 채였다. 방에는 매일 돌려도 빨갛게 '위험' 수치가 떠 있는 오래된 공기청정기 하나가 있을 뿐이었다.

이러한 물리적 근무환경 역시 개인이 극복해야 할 영역으로 취급되었다. 연일 새벽까지 근무한 데다 열악한 근무환경에 노출되었던 동료는 그만 새벽에 사무실에서 졸도하고 말았다. 10명 남짓 앉아 있던 사무실 안에서 졸도한 그녀를 도와준 사람은 용역업체의 여성 직원 한 명뿐이었다. 사무실 안의 다른 사람들은 그녀가 쓰러진 모습을 봤지만 미동도 하지 않았다. 당시 그녀의 상사였던 프로젝트 매니저는 졸도한 것이 '정신력이 부족한 탓'이라며 되려 그녀를 비난했다. 모두가 힘든 것을 참고 있는데 혼자 티 내지 말라는 그도 차가운 기계나 다를 바 없었다. 오랫동안 그런 취급을 받아 정말 그렇게 되어버린 듯이.

파견되어 근무하는 개발자들을 투명인간 취급하거나 아예 보이지 않는 곳으로 몰아넣는 일은 비일비재하다. 어떤 고객사는 개발자들에게 서버 작업을 지시한 뒤 보안 때문이라며 셔터를 내려버렸다. 그 때문에 개발자들은 서버 작업을 다 끝낸 뒤에도 집에 가지 못했다. 아무 일도 없었기에 망정이지, 불이라도 났다면 그들은 어떻게 되었을까.

—— '압박을 견뎌내는 것도 능력'이라는 말의 함정

얼마 전 구인구직 SNS인 링크드인에서 한 기업의 개발자 구인공고를 봤다. 자격요건에는 이렇게 쓰여 있었다. "우리는 압박을 견디며 일할 수 있는 사람을 찾습니다We are looking for people who have the ability to work under pressure." 그 회사는 부당한 강요를 개인의 능력으로 치환하는 묘기를 부린 것이다. 실제로 '정신력', '스트레스 관리', '회복탄력성' 따위의 용어를 동원해 압박적인 노동환경을 개인이 돌파해야 할 몫으로 전가하는 경우를 수시로 목격한다.

"이건 어차피 안 돼요." "이것도 몰라요?" "아무튼 못 합니다." 때로 어떤 개발자는 타인과 소통을 거부한 채 이런 식의 말로 자신의 입장을 관철시키려 한다. 실제로 기술이 작동하지 못할 수도 있고, 혹은 안 되는 이유를 개발지식 없는 이에게 설명하기 어려워 단칼에 끊어낸 것일 수도 있다. 그러나 어느 쪽이든 이런 말은 듣는 이에게 오해와 불쾌감을 남긴다. 동료를 무시하거나 비하하는 방식은 매우 잘못되었고 분명 개선되어야 할 언어습관이다. 그런데 그런 습관이 단지 개인의 문제인 걸까?

불친절하고 날선 말투에 개인의 책임이 없다는 게 아니다. 다만 이런 현상이 특정 직군에게서 자주 발견된다면 한 번쯤 그 너머를 바라볼 필요가 있다. 퉁명스럽게 단답으로 일관하는 그 사람은 사실 설명하기에 너무 지쳤을 수 있다. 기술력부터 정신력까지 모든 걸 혼자 감내해야 하는 노동환경에서 소통에 힘쓸 여력이 부족해서일 수 있기 때문이다.

실제로 나는 이런 말투를 비테크 회사에서 기술직군으로 근무하는 전산실 직원에게서 자주 발견했다. 비테크 회사는 기술에 주력하지 않기 때문에 IT 팀 대신 전산실을 두는 경우가 많다. 자연히 전산실의 직원들은 곧잘 무시당하고 회사의 우선순위에서 밀려난다.

전산실의 위치만 봐도 전산실이 위계서열의 어디에 있는지 알 수 있다. 가끔 다른 회사를 방문할 일이 생기면 종종 전산실이 어디 있는지 찾는다. 테크 직군이 아닌 이들은 자기가 다니는 회사라도 전산실이 어디 있는지 잘 알지 못한다. 한 번은 방송국의 PD를 만날 일이 있었는데, 방송국 전산실이 어디냐고 물어보니 그도 회사 인트라넷에 접속해서야 위치를 확인할 수 있었다. 전산실은 놀랍게도 사람들이 오가는 1층 계단 바로 밑, 삼각형의 공간 안에 있었다. 사람들이 오르내릴 때마다 탕탕거리는 소리가 들리는 곳이었다. 어떤 회사의 전산실은 에스컬레이터 밑이나 지하실, 컨베이어벨트 뒤편에 있었다. 이처럼 열악한 곳에 자리 잡은 전산실에서 일하는 직원 중 상당수는 정규직이 아니라 기간제 계약직이거나 하청업체에서 파견 나온 개발자다.

간혹 지인이 "우리 회사 개발자들은 대체 왜 그럴까?"라고 물으면 나는 개발자를 대하는 사내문화가 어떤지 질문한다. 상당수는 잘 답변하지 못한다. 단지 개발자가 일하기 싫어서 그저 "안 된다"고 거절하는 건 아닌지 의심부터 한다. 그러나 이제는 의심의 방향을 바꾸면 좋겠다. 파탄 난 인성이나 나태한 변명 때문에 독성 말투가 드러나는 것이 아니라, 개발자를 기계처럼 대하는 문화는 없었는지 돌아봤으면 한다. 그들이 기계가 된 건 기계로 대우받았기 때문이다.

IT 서비스에도
중립은 없다

★ ★ ★ ★ ★

IT 서비스를 개발하는 이들은 사용자를 궁금해한다. 물론 개인적인 차원이 아니라 서비스를 개선하기 위해 필요한 업무 영역의 호기심이다. 사용자가 누구인지, 어떻게 서비스를 사용하는지 알아야 그들을 더 많이 끌어모을 수 있기 때문이다. 사용자가 많아진다는 건 서비스의 시장 점유율이 높아진다는 뜻이다. 점유율을 최대로 끌어올려 사용자들에게 대체 불가능한 서비스가 되면, 이를 토대로 광고를 넣거나 새로운 유료 기능을 개발하는 등 수익모델을 보다 수월하게 설계할 수 있다.

개발진은 서비스를 시장에 무사히 안착시키기 위해 사용

자를 '탐구'한다. IT 서비스에서의 '지피지기'란, 내가 제공하는 서비스가 무엇인지 알고, 이 서비스에 접속하는 사용자가 누구인지 아는 것이다. 그리하여 사용자가 서비스를 원활하게 이용할 수 있도록 안내하고, 그가 서비스에서 원하는 것을 더 쉽게 얻어낼 수 있도록 한다. 이를 돕기 위해 고안된 방식이 바로 '사용자 인터페이스User Interface, UI'와 '사용자 경험User eXperience, UX'이다.

먼저 UI는 시스템과 사용자가 상호작용할 수 있는 기능 설계를 뜻한다. 버튼을 누르거나 텍스트를 입력하거나 메뉴를 여는 등 사용자가 시스템에 무언가를 요청할 수 있는 모든 것을 UI로 통칭한다. 주문하기 버튼을 어디에, 어떤 색깔로 디자인해야 사용자가 좀 더 편리하게 상품을 구매할 수 있는지 궁리하는 일이 대체로 UI 디자인 영역에 속한다.

사용자 입장에서 이런 디자인이 매우 사소한 요소처럼 보일 수 있겠지만, 그렇지 않다. 디자인은 사용자가 어떤 행동을 할지 암묵적으로 지시해주는 가이드 역할을 한다. 버튼의 색깔만 해도 어느 정도 합의된 규칙이 존재한다. 버튼 색깔이 회색이라면 이 버튼은 '지금은 누를 수 없는 버튼'을 의미한다. 이를테면 쇼핑몰에서 상품을 주문할 때, 사용자가 주문에 필요한 필수약관의 '동의' 마크를 누르지 않았거나 상품이 배달될 주소가 입력되지 않았다면 '주문하기' 버튼이 회색으로 표시된다. 이때는 사용자가 버튼을 클릭해도 작동하지 않는다.

하나의 화면에 여러 개의 버튼이 표시될 때에는 가장 중요한 버튼만 색깔을 달리 디자인하기도 한다. 주문하기 화면에 '뒤로 가기' 버튼과 '주문하기' 버튼이 있다고 하자. 이런 상황에서는 일반적으로 '뒤로 가기' 버튼의 배경 색상을 흰색으로, '주문하기' 버튼의 색상은 빨강이나 파랑 등 서비스의 메인 색상으로 채워 눈에 띄게 한다. 그러면 사람들은 색상이 채워져 있는 쪽의 버튼으로 자연스럽게 커서를 이동시킨다.

만약 버튼 색깔이 반대로 디자인되었다면 어떨까? 이용자가 기껏 주문정보를 다 입력해놓고 실수로 '뒤로 가기' 버튼을 눌러버릴 확률이 높다. 언젠가 한 박물관 홈페이지에서 관람예약을 한 적이 있는데, 예약완료 페이지에 '취소하기' 버튼이 정중앙에 배경 색깔이 채워진 채로 위치해 있었다. 색상 때문에 라벨을 꼼꼼하게 읽지 않은 나는 무심코 다음 단계로 진행되는 버튼인 줄 알고 클릭해, 기껏 예약한 걸 도로 취소해버린 적이 있다. 좋은 UI 디자인은 사용자가 원하는 기능을 빠르게 수행할 수 있도록 돕고, 예상되는 실수를 미연에 방지하는 훌륭한 가이드라인이 된다.

UX는 좀 더 복잡하다. 사용자가 서비스를 사용하면서 느끼는 총체적인 경험을 뜻하기 때문이다. 예를 들어 쇼핑몰 웹사이트만 해도 제각기 다른 사용자 경험을 선사한다. 세련된 디자인과 적은 가짓수의 상품을 내세우며 고급진 편집숍 느낌을 선사하는 쇼핑몰이 있는가 하면, 유명한 인플루언서의 SNS를 전면에 내세워 트렌디한 경험을 주는 쇼핑몰도 있다. 서비스의 기능뿐만 아니라 브랜딩, 이미지 등 사용자가 서비스에서 맞닥뜨리는 모든 것이 사용자 경험을 구성한다.

—— 문제는 서비스를 어떻게 설계하느냐다

서비스 개발진이 상정하는 유저와 실제 사용자가 일치할 확률은 높지 않다. 그러나 사용자가 서비스를 이용하는 방식은 UI·UX에서 큰 영향을 받는다. 똑같은 기능이더라도 어떤 방식으로 UI·UX를 설계했는지에 따라 서비스의 모습과 이용 양상이 크게 달라지기 때문이다.

대표적인 예가 '랜덤채팅'이다. 랜덤채팅은 익명의 사용자와 무작위로 매칭되어 대화를 나눌 수 있는 서비스다. 이전에는 자신을 밝히지 않아도 되는 텍스트 기반의 채팅이 주를 이뤘지만, 최근에는 상대와 영상으로 매칭되어 이야기를 나눌 수 있는 앱도 개발되었다.

시중에 랜덤채팅이라는 이름으로 등록되어 있는 앱들은 디지털 성착취가 일어나는 온상이나 다름없다. 랜덤채팅 앱을 통해 위기청소년을 꾀어내 강간하거나 성착취하는 사건이 비일비재하기 때문이다. 실제로 2022년 여성가족부에서 발표한 〈아동청소년 대상 성범죄 발생 추세 및 동향분석〉에 따르면, 성매수 피해 청소년이 가해자를 인터넷 채팅으로 안 경우가 86.5%에 달했다.• 2016년 국가인권위원회가 발표한 〈아동·청소년 성매매 환경 및 인권 실태조사 결과발표 및 토론회〉 자료집에서도 랜덤채팅이 언급된다. 자료집에 따르면 미성년자가 성착취에 노출되는 방식은 스마트폰 채팅 앱이 59.2%로 과반을 차지했다.•• 여성가족부의 〈2019년 성매매 실태조사〉에서도 마찬가지다. 연구진은 미성년 여성을 가장해 랜덤채팅 앱에서 2,230명과 직접 대화를 나눴고 결과를 기록했다. 이에 따르면 연구진이 대화를 나눈 이들 중 상대가 미성년인 줄 알면서도 대화를 시도한 자는 1,605명이었고, 이들 중 성적 목적으로 대화한 사람이 76.8%(약 1,232

● 최성지 권익증진국장, "아동·청소년 대상 성범죄 발생 추세 및 동향분석 공표", 여성가족부(대한민국 정책브리핑), 2022. 03. 23.

●● 국가인권위원회, 〈아동·청소년 성매매 환경 및 인권 실태조사 결과발표 및 토론회〉(자료집), 국가인권위원회, 2016. 11. 03.

명)에 달했다.●

상황이 이렇다 보니 여성가족부는 2020년 랜덤채팅 앱을 청소년유해매체로 지정하고 본인 인증을 강제하는 등 다방면의 노력을 기울였다. 그러나 정작 랜덤채팅 앱 서비스 제공사들은 시큰둥한 반응이었다. 이들은 자기 서비스 안에서 미성년자 성착취가 일어난다는 걸 알고 있었지만 별다른 조치를 취하지 않았다. 나는 2018년부터 약 3년 동안 십대여성인권센터에서 IT 지원단으로 활동했는데, 이 기간 중에 센터에서 진행하는 야간상담과 서비스 모니터링에 참관할 기회를 얻었다. 모니터링에 참관하며 살펴본 랜덤채팅 서비스는 성착취를 의도한 듯한 기능으로 가득했다.

먼저, 누구든 랜덤채팅 앱을 사용해 돈을 벌 수 있었다. 이전까지 나는 랜덤채팅 앱이 그저 상대와 대화를 나누는 정도에 그친다고 생각했다. 그러나 랜덤채팅 앱에서는 메시지를 주고받는 것만으로도 돈이 생겼다. 보호자의 동의 없이는 일할 수 없는 위기 청소년이라면 분명 혹할 만했다. 앱에서는 대체로 코인을 사용하는데, 코인이란 앱에서 쓰이는 화폐 단위로 쪽지나 메시지를 보낼 때마다 사용된다. 채팅

● 권익증진국 권익기반과, "중고생 10명 중 1명, 온라인에서 원치 않은 성적 유인 피해 경험: 〈2019년 성매매 실태조사〉 연구결과 발표", 여성가족부, 2020. 06. 15.

방을 열어놓은 사람은 누군가 자신에게 메시지를 보낼 때마다 코인을 얻을 수 있다. 코인은 실제 돈을 지불해 충전할 수 있고, 메시지를 받음으로써 얻는 코인 역시 현금으로 바꿀 수 있다. 굳이 현금화하지 않더라도 코인으로 직접 치킨이나 피자, 햄버거 같은 음식을 구매하거나 문화상품권 또는 핸드폰 통신료로 교환할 수도 있다. 메시지를 한 번 받을 때마다 쌓이는 돈은 5~10원 사이다. 최소 10번은 메시지를 받아야 500원을 벌 수 있다. 그러니 랜덤채팅 앱을 통해 돈을 벌어야 하는 이들은 어떻게서든 상대방이 자신에게 메시지를 보내게 하기 위해 애를 쓴다. 성적인 사진을 보내거나 야한 농담에 응수해주는 식이다. 이러한 과정을 통해 랜덤채팅 앱은 끊임없이 사용자를 유인하고 메시지를 나눌 수 있게끔 독려한다. 서비스 제공사는 그 대가로 코인 충전 시 발생하는 수수료를 얻는다.

랜덤채팅 앱에서도 '미성년자 성착취는 불법'이라는 안내 메시지가 수시로 공지된다. 성인 인증도 2020년에 여성가족부가 강제해 간신히 도입됐다. 최소한의 형식적 의무만을 지킨 것이다. 서비스 제공사들은 그저 서비스를 만들었을 뿐, 이를 악용하는 건 사용자라고 말한다. 그러나 랜덤채팅 서비스는 애초부터 대화가 오가야 수익이 나는 구조이기에, 그 안에서 어떤 대화가 오가든 제재하지 않는다.

어떤 개발사는 서비스의 핵심 기능이 랜덤채팅이기 때문에 성착취가 일어나는 것도 어쩔 수 없다고 항변한다. 서비스 안에서 일어나는 불법 성착취는 그저 악성 이용자들의 일탈일 뿐이라며 선을 긋는 것이다. 그러나 똑같이 랜덤채팅 기능을 제공하더라도 UI·UX를 섬세하게 설계하면 다른 양상이 나타난다. 예를 들어 타로카드 점과 운세 서비스를 제공하는 앱 중 하나는 '사람 친구와의 대화'라는 콘셉트로 랜덤채팅 기능을 디자인했다. 타로카드 점과 사주를 봐주는 동물 캐릭터들이 단톡방을 개설해 사람 친구를 소개하는 형식을 취하고 있다. 사진이나 영상 공유가 불가능하며, 5분 이상 메시지가 오가지 않으면 채팅방이 자동 폭파된다. 개인 메신저 아이디를 알려주지 말라는 경고 메시지도 시시때때로 울린다. 이렇게 설계하더라도 성착취가 전혀 일어나지 않으리라고 장담할 수는 없을 것이다. 그러나 최소한 이 서비스를 테스트하는 일주일 동안은 단 한 번도 오프라인 만남이나 성매매, 성착취에 대한 제안을 받지 않았다. 다른 랜덤채팅 앱에서는 기대할 수 없는 일이었다.

상당수의 랜덤채팅 앱은 성착취에서 수익을 거둬들이고 있다. 이는 의도된 설계라고 볼 수밖에 없다. 행여 초기에는 의도했던 게 아니더라도, 성범죄가 서비스 안에서 발생하고 있다는 사실을 인지했다면 이를 개선하기 위해 어떻게든 대안을 찾아내야 한다. 그러나 대부분의 랜덤채팅 앱 개발사는 그렇게 하지 않았다. 그저 경고창을 띄우며 소극적으로 대응하는 데 그쳤을 뿐이다. 놀랍게도 이런 일은 랜덤채팅 앱에서만 일어나는 게 아니다. 미성년자 성착취 문제는 인스타그램, 페이스북과 같은 SNS나 카카오톡 오픈채팅 등 많은 이가 사용하는 범용 메신저에서도 발생한다. 정말 이건 일부 악성 사용자의 문제인 걸까?

내가 함께했던 IT 지원단은 여성 청소년의 성착취 문제를 풀 수 있는 실마리를 얻기 위해 머리를 싸맸다. 막상 모이기는 했지만 우리가 뭘 해야 하고 또 할 수 있는지 아무도 몰랐다. 할 수 있는 것부터 해보자고 의기투합해서 시작한 게 실태조사였다. 매월 모여 랜덤채팅 앱의 현황과 정책 등을 공부했다. 지원단 멤버끼리 돌아가며 야간상담과 서비스 모니터링에 직접 참여했다. 저마다 테크 업계에 몸담고 있었기 때문에, 우리 역시 서비스 자체의 문제보다 악성 사용자를 어떻게 걸러내고 차단할 것인지를 중심으로 고민을 이어 갔다. 그러나 여러 상황을 직접 목도하면서 점차 다른 질문이 떠올랐다. '대체 개발사들은 뭘 믿고 이런 기능을 만든 거야?'

서비스 제공자의 무심함은 개발된 기능 하나하나에서 여실히 드러났다. 예를 들어 누구나 사진을 올릴 수 있는 인스타그램은 처음 가입하고 계정을 만들고 나면 모두 공개 계정으로 설정된다. 게시물을 게시할 때도 마찬가지다. 자신이 올린 사진을 누구나 열람할 수 있다는 사실이 별도로 고지되지 않는다. 팔로우를 맺은 사람에게만 게시물을 보이게 하고 싶다면 비공개 계정으로 설정을 변경해야 하지만, 변경하는 과정이 다소 복잡하다. 개발자들이 항변할 때 동원하곤 하는 악성 사용자는 이런 지점을 교묘하게 파고든다. 청소년의 게시물을 검색해 표적을 찾아내고, 계정에 올라온 사진을 토대로 계정주가 사는 집이나 다니는 학교의 위치를 파악한다. 그에게 접근하고자 온갖 정보를 수집하는 것이다. 그러나 사용자가 올리는 포스팅 하나하나가 곧 콘텐츠인 SNS의 특성상, 인스타그램이나 페이스북의 기본 설정은 '모두 공개'다. 기본 설정을 '친구 공개'로만 바꿔도 어느 정도 해결될 문제지만, 이들은 그렇게 하지 않는다.

그뿐인가. 모르는 사용자가 보내는 메시지에 유해한 해킹

링크가 포함될 수 있다는 것도 위험 요소다. 실제로 N번방 사건에서 이 같은 기능 때문에 신상정보가 유출되어 가해자에게 발목 잡힌 피해자가 상당수 존재한다. 모르는 사람과 메시지를 직접 주고받는 기능은 최소화하고, 메시지 창에서 링크나 유해한 파일 등은 오가지 않도록 제재하는 편이 바람직하다. 실제로 카카오톡은 친구가 아닌 사용자와 대화를 나눌 경우, 상대가 보낸 파일을 다운로드할 수 없다. 또한 상대가 보낸 링크가 위험할 수 있으니 클릭하지 말라고 권고한다. 2021년부터는 인스타그램도 성인으로 인증된 사용자가 (자신을 팔로우하지 않은) 미성년 사용자에게 다이렉트 메시지를 보낼 수 없도록 메시지 기능을 업데이트했다.

IT 지원단은 서비스 제공자가 자신의 서비스에서 디지털 성착취를 예방하기 위해 개선해야 하는 기능을 가이드라인으로 정리해 발표했다. 가이드라인에 포함된 내용은 매우 사소해 보인다. 개인정보 유출을 방지하기 위해 사전에 공개 설정을 안내하거나 사진 캡처 차단 기능을 넣는 것 등이다. 특히 후자는 카카오톡의 프로필 사진이나 인스타그램의 포스트가 딥페이크 기술을 활용한 성착취 영상에 사용된다는 제보를 받고 추가한 것이다. 우리는 이 내용을 카카오에 직접 전달했지만 답을 듣지 못했다.

우리가 가이드라인에 권고한 내용은 기술적으로 구현하

기가 수월하다. 다만 플랫폼 측에서 개발하지 않을 뿐이다. 우리는 가이드라인을 배포한 뒤 테크 업계 종사자를 대상으로 가이드라인에 대한 피드백을 받았다. 설문 결과 약 42.9%의 응답자가 가이드라인을 적용하기 어려운 이유로 '내부 서비스 정책 조율의 어려움'을 꼽았다. 그다음으로 집계된 응답은 '가이드라인 적용을 논의하기 어려운 조직문화'로, 33.3%였다. 이에 반해 '가이드라인 적용이 기술적으로 어렵다'는 답변은 19%에 그쳤다. 미성년자 성착취 문제를 중요하게 여기지 않는 조직문화 아래 위험도가 높은 기능이 버젓이 작동하고 있는 것이다. '일부 사용자'가 얼마든지 악의적으로 이용할 수 있게끔 말이다.

—— **새로운 서비스에는 새로운 위험성이 따른다**

IT 서비스에서는 언제나 예측하지 못한 일이 벌어진다. 모바일 애플리케이션 '스냅챗'의 개발자인 브레넌 켈러는 이런 현상을 다음과 같은 비유로 설명했다.

QA(Quality Assurance, 품질보증) 엔지니어가 걸어와서 맥주를 주문해본다. 시스템을 테스트하기 위해 0개, 999억 9,999만

9,999개, 심지어 -1개의 맥주를 시키고 도마뱀도 시켜보고 오타도 내본다. 이제 사용자가 들어왔고 "화장실은 어디예요?"라고 물었다. 호프집은 불타 없어졌고 모두 죽었다.●

호프집을 만든 시스템 개발진은 사람들이 들어와 맥주와 안주류를 주문할 것으로 기대한다. 그리고 맥주를 주문할 때 벌어질 수 있는 경우의 수를 계산해 시스템을 만들지만, 정작 오픈하고 나서 들어온 실제 사용자는 맥주를 주문하는 것과 전혀 다른 행동을 한다. 물론 화장실이 어디 있는지 질문하는 건, 기대에서는 벗어났어도 합리적인 범위 안에 있다. 그 범위 바깥의 일이 일어났다면 어떻게 해야 할까? 호프집에 들어온 사람이 다른 손님을 성추행하거나 강간했다면 말이다. 게다가 호프집에서는 누구든 마음만 먹으면 다른 손님의 개인정보를 알 수 있도록 손님의 사진과 포스트를 테이블에 올려둔다면 어떨까. 그래도 이 일은 오로지 '일부 악성 사용자'만의 잘못인 걸까?

새로운 서비스에는 새로운 위험성이 따른다. 인스타그램에 장소 태그가 생겨나면서 사이버 스토킹의 위험이 생겨나

● 브래넌 켈러의 2018년 12월 1일자 트위터 글. https://twitter.com/brenankeller/status/1068615953989087232 (2023년 5월 30일 접속)

고, 페이스북에 '함께 아는 친구'가 노출되면서 프라이버시 침해 이슈가 떠오른 것처럼 말이다. 최근에는 인공지능의 발전에 따라 사진을 합성해 직접 성착취물을 제작·유포하는 디지털 성범죄도 가시화되고 있다. 물론 모든 서비스가 처음부터 이런 사건에 사전 대응할 수는 없을지도 모른다. 그러나 일단 서비스를 악용하는 사례가 보고되었다면 어떻게든 조치해야 한다. 문제가 발생한 순간, 서비스 제작자에게도 책임이 생긴다.

신비롭지 않은 기술들[*]

★ ★ ★ ★ ★

2022년 10월, 카카오톡을 포함해 카카오가 운영하는 대다
수의 서비스가 갑작스럽게 중단됐다. 카카오의 서버가 입주
해 있던 판교 SK C&C 데이터센터 전기실에서 난 화재가 원
인이었다. 서버실로 통하는 전원이 즉각 차단되어 서버들도
일제히 꺼졌다. 무려 32,000여 대에 달하는 서버가 한꺼번에
멈춘 것이다. 그로부터 기나긴 장애복구의 시간이 이어졌다.
당초 카카오는 전원이 복구되기만 하면 2시간 이내에 서비
스를 정상화할 수 있다고 밝혔지만, 서비스가 모두 정상화

●   임소연, 《신비롭지 않은 여자들》, 민음사, 2022에서 모티브를 따왔음을 밝힌다.

되는 데에는 일주일 가까이 소요됐다.

　카카오 서비스가 중단된 데 따른 여파는 어마어마하게 컸다. 어떤 사용자에게는 지인과 연락할 수단 하나가 없어진 정도의 작은 불편일 수 있겠지만, 카카오 서비스를 이용해 주문이나 예약을 받는 자영업자들은 매출에 큰 타격을 입었다. 그뿐만 아니라 카카오 T와 같은 서비스를 통해 승객을 받는 택시기사나 대리기사 들은 콜을 아예 받지 못하거나 결제 서비스를 이용하지 못하는 등 손해가 이만저만이 아니었다.

　피해가 속출하는 가운데, 서비스 장애뿐만 아니라 장애에 대처하는 카카오의 태도도 문제가 됐다. 심지어 화재 진압을 위해 데이터센터에 출동해 있었던 소방당국과도 소통이 제대로 되지 않은 채 공식발표가 이어졌다. 당초 장애 직후 카카오는 전기 공급이 재개되면 2시간 이내에 서비스를 복구할 예정이라고 밝혔지만, 소방당국에서는 복구 시점을 확답할 수 없다고 말했다.• 특히 장애 복구에 대해 브리핑하던 카카오의 임원이 한 "화재를 예측하지 못했다."는 발언은 두고두고 빈축을 샀다. 데이터센터는 서버를 구동하기 위한

• 김남영·채혜선 기자, "'카카오 먹통' 전국민 비명⋯소방당국 "복구시점 확답 못해"", 《중앙일보》, 2022. 10. 15.

전력과 배터리가 집중된 주요 전력시설로 화재 위험을 생각하지 않을 수 없기 때문이다.

카카오가 서비스 장애 복구에 허덕이던 때, 공교롭게도 국회는 국정감사가 한창이었다. 장애 복구가 완료되자마자 최태원 SK 회장을 비롯해 김범수 전 카카오 이사회 의장, 이해진 네이버 글로벌투자책임자가 과학기술정보방송통신위원회 국정감사장에 증인으로 섰다.

데이터센터에서 일어난 화재로 한 회사의 서비스가 중단되었을 뿐인데, 이들이 왜 국정감사까지 출석해야 했던 걸까? '국정'에 민간 회사의 서비스 장애가 포함된다는 사실이 누군가에게는 다소 이상하게 여겨질 수 있다. 실제로 많은 서비스에서 장애가 곧잘 발생하지만, 서비스를 개발한 기업의 임원 모두가 그때마다 국정감사에 출석하지는 않는다. 다만 이번 장애는 피해 규모와 영향이 어마어마한 수준이라는 점에서 확연히 차이를 보인다. 다소 과한 처사이긴 했으나 대통령까지도 민방위복을 입었다. 택시기사, 대리기사, 소상공인 등 여러 국민이 서비스 장애로 실질적인 피해를 입었기 때문이다.

아이러니하게도 카카오라는 플랫폼의 영향력은 서버가 모조리 다운됨으로써 드러났다. KT 네트워크 장애로 모든 인터넷 연결이 끊겼을 때, 우리가 얼마나 많은 것을 네트워크에 의존하고 있었는지 알게 되었던 것처럼.

국정감사의 주요 의제 중 하나는 카카오 서비스 장애로 인한 피해보상이었다. 감사장에서 김범수 전 의장은 피해보상에 만전을 기하겠다고 밝혔지만, 그가 만전을 기한 보상책은 얄팍한 수준이었다. 보상이라 하기에도 민망한 액수인 데다 그마저도 포인트 형태로 지급됐다. 카카오 대리 유료 멤버십을 구매해 콜을 받는 대리기사에게 돌아간 보상은 4,290원이고, 카카오T 택시 프로 멤버십에 가입한 기사에게는 7,550원이 보상 포인트로 책정됐다. 이번 장애에서 가장 오랜 시간 서비스를 이용하지 못한 다음 프리미엄 메일 이용자에게는 15일의 서비스 무료 이용권이 지급됐다.

정작 카카오는 플랫폼을 이용하게 하는 조건으로 대리기사에게 월 22,000원의 유료 프로그램에 가입시키고 다시 콜마다 운행요금에서 20%의 수수료를 가져간다. 대리기사가 30,000원짜리 콜을 받았다면 6,000원을 카카오가 가져가는 셈이다. 카카오T 택시 프로 멤버십은 월 39,000원이다. 프로 멤버십에 가입한 택시기사에게는 우선배차권이 주어지기 때문에 기사들은 콜을 받기 위해 울며 겨자 먹기로 가입할 수밖에 없다. 이 경우에도 카카오가 운행수수료의 20%를 챙긴다. 사실상 카카오가 대리기사와 택시기사에게 각각 보상한다는 4,290원과 7,550원은 그들이 한 사람의 플랫폼 노동자로부터 챙겨가는 하루치 수수료에도 미치지 못하는 금액이다(그마저도 포인트라는 사실을 잊지 말아야 한다).

―― 서비스 장애보다 그 후의 태도야말로 치부다

2022년 11월 24일 오전 남궁훈 전 카카오 CEO는 자신의 페이스북 계정에 포스트 하나를 올렸다(남궁훈 전 CEO는 서비스 장애에 대한 책임을 지고 대표직에서 사임했으며, 이후 비상대책위원장으로 자리를 옮겼다). 그는 그 글을 통해 카카오가 매년 주최하는 if kakao 컨퍼런스에서 카카오의 실책과 향후 대책을 발표하겠다고 밝혔다. 본래 if kakao는 '카카오가 이렇게 한다면'이라는 뜻을 담아 카카오의 임직원이 회사의 여러 기술적 성취를 선보이는 자리다. 이번만큼은 대규모 서비스 장애가 일어난 기술적 실책을 밝히겠다는 것이 글의 취지였다.•

　하지만 이번에는 우리의 부끄러운 부분이지만 업계에 도움이 되고, 다시는 같은 불상사가 우리뿐 아니라 업계에서 일어나지 않

● 조아라 기자, "남궁훈 前카카오 대표 "그날 잊을 수 없어…마음 다시 새길 것"", 《한국경제》, 2022. 11. 24.

기를 바라는 마음을 담아 "만약에 카카오가 이렇게 했더라면"이라는 과거형의 의역을 추가해서 컨퍼런스를 진행하는 것이 우리에게 남은 중요한 소명 중 하나가 될 것이라는 생각을 하게 되었습니다.

이 세션에는 '1015장애회고'라는 이름으로 총 다섯 개의 발표가 준비됐다. 서비스 장애를 대비하고 서비스 연속성을 제공하기 위해 하나의 서비스를 이중·삼중으로 설계하는 '다중화'가 핵심 주제였다. 데이터센터, 인프라 설비, 데이터, 서비스 플랫폼, 애플리케이션 등의 영역에서 어떤 방식으로 다중화를 구성하는지 발표하는 자리였다. 특히 남궁훈 전 대표는 자신의 SNS에서 이 세션을 소개하는 글에 '업계의 공동 성장'이라는 단어를 세 번이나 썼다.

제가 알기로는 우리와 같은 규모의 기업이 이러한 치부에 대한 공개를 하는 경우는 세계적으로도 드문 일이라고 알고 있습니다. (…) 하지만 if kakao의 취지가 업계와 함께 공동의 성장을 추구하는 데 주안점이 있는 만큼 그 공동의 성장을 향한 마음에는 두 가지 의역을 공존시키며, 두 가지 모두를 담아낼 때 우리의 진심이 더 통할 것이라고 생각합니다. 따라서 2022년 if kakao 행사는 더욱 업계의 공동 성장에 방점을 두어 카카오가 업계와 함께

하고자 하는 마음을 다시 새기는 기회로 삼고, 우리의 노력이 실질적으로 대한민국 IT 산업의 발전에 기여하는 "if kakao" 행사로 진행되었으면 하는 바람입니다.

　IT를 다루는 어느 기업이든 그게 카카오나 네이버가 아니라 구글이나 메타 같은 글로벌 대기업이라 할지라도, 서비스 장애는 언제든 누구에게나 일어날 수 있다. 기술적인 이슈로 발생한 장애든 엔지니어가 작업 중에 실수로 한 일이든 오류의 위험성은 언제나 있다. 이번 SK C&C 판교 데이터센터 화재로 인한 카카오 서비스의 대규모 중단 사태 역시 그중 하나다. 피해 규모가 유례없이 큰 수준이었다는 걸 모르는 바는 아니지만, 그럼에도 서비스 장애 그 자체에 대해서는 그다지 논의하고 싶지 않다. 구체적으로 시스템 안에서 어떤 일이 있었는지는 외부인보다 내부인이 훨씬 잘 알 것이고, 그로 인한 책임감과 괴로움도 결국 내부 인원의 몫이니까.

　중요한 건 서비스 장애 그 자체가 아니라 이에 대응하는 태도다. 기업이 자신의 잘못을 사과하고 수습하는 태도에서 그들이 사회를 바라보는 태도와 가치관이 드러난다. 남궁훈 전 대표는 한결같이 '공동 성장'을 말했지만, 기실 그의 포스트에서 가시화된 공동 성장의 대상은 테크 업계에 한정됐다. 카카오가 뿌리 내리고 있는 수많은 산업과 생태계에 대한 이야기는 누락되어 있다. 택시기사, 대리기사, 자영업자 등 카카오 서비스가 실질적으로 관계를 맺고 있는 이들에 대한 논의가 배제된 것이다.

이토록 소란스러웠던 대규모 장애 이후 카카오가 만든 회고의 자리가 고작 if kakao였다는 사실은 솔직히 말해 실망스럽다. 남궁훈 전 대표는 잘못된 서비스 설계, 제대로 작동하지 않은 다중화 시스템을 '치부'라 말했지만, 사실 이는 테크 업계에서 언제든 발생할 수 있는 (물론 가장 최악의) 시나리오다. 그보다 4,290원과 7,550원이라는, 제대로 책정되지 않은 보상책이 카카오가 말할 수 없는 진짜 치부다.

지금 우리 사회는 다른 if를 묻고 있다. '만약 카카오가 다중화를 제대로 설계했다면'이 아니라 '만약 카카오가 독식하지 않았더라면'이라고 말이다. 2022년 5월 동반성장위원회에서는 대리운전업을 중소기업 적합 업종으로 결정했고, 카카오모빌리티와 티맵모빌리티에 대한 사업 확장 제재를 권고한 바 있다. 대기업이 선진적인 기술력을 무기 삼아 돌격할 때, 속수무책으로 당하는 건 중소기업뿐만이 아니라 그 아래 계약된 개별 노동자다. 플랫폼은 이용자에게는 일상의 편리를 돕는 순풍이지만, 해당 산업이나 생태계에는 파괴적으로 몰아치는 폭풍이다. '공동 성장'은 테크 업계가 아니라 그들이 침투한 생태계에, 그리고 어쩔 수 없이 플랫폼 노동자가 된 모든 이를 향한 단어여야 한다.

——— 기술이 '구름 위에' 있는 것처럼 보이지만

카카오 서비스 장애는 택시나 대리기사, 자영업자의 일이 거대 플랫폼 하나에 묶여 있는 현실을 드러낸 한편, IT 서비스가 물리적 영역에 얼마나 의존하고 있는지 역시 분명하게 보여줬다. 카카오 서비스를 운영하기 위해 (적어도 판교 데이터센터에만) 가동되는 서버가 32,000여 대라는 사실은 새삼 지구를 걱정하게 한다. 카카오는 그 대안으로 데이터센터 건립을 말하고 있는데, 365일 24시간 가동되는 데이터센터는 온실가스 배출의 주범이다. 서버가 항상 가동되고 있으므로 열이 끊임없이 발생하니, 열기를 식히기 위해 냉방도 끊임없이 돌아가야 한다. 열을 발생시키는 데에도, 그렇게 생겨난 열을 식히는 데에도 전기가 쓰인다. 일각에서는 데이터센터의 냉각에서 발생하는 탄소배출량을 줄이기 위해 물을 대용한다. 공기를 이용하는 냉각 방식에 비해 물을 이용하는 방식이 전력을 덜 사용하기 때문이다. 그러나 여기에도 문제가 있다. 2022년 12월 미국의 오리건라이브에서 보도한 바에 따르면 댈러스에 위치한 구글 데이터센터가 냉각을 위해 사용하는 물의 양이 도시 내 총 물 소비량의 29%를 차지한다고 한다.• 주변 생태계에 악영향을 끼치고 기후변화를 초래할 수 있는 정도의 양이다.

메일함에 쌓여 있는 스팸메일과 클라우드에 저장된 수십만 장의 사진은 실제로 지구의 자원을 잡아먹고 있다. 온라인에 있기 때문에 단지 숫자로만 보이지만, 집 안에 놓여 있어야 할 두꺼운 사진첩을 수백 권이나 원격 저장소에 둔 것이다. 때로 온라인 활동은 그저 추상적이거나 개념적인 것으로 이해되기 쉽지만, 온라인이야말로 물리적 요소에 근거하고 있다. 집집마다 있는 콘센트 안쪽에는 전기를 공급하는 전선이 있고, 전선은 거리에 세워진 전봇대와 연결된다. 전봇대에 주렁주렁 매달린 전선을 통해 실제로 연결되어 있기 때문에, 우리는 집에서 안락하게 전기를 쓸 수 있다.

인터넷도 마찬가지다. 다수의 인원이 인터넷을 사용하는 회사 사무실이 새로운 건물에 이사한다고 할 때, 인테리어 공사와 함께 랜선 설치가 이뤄지곤 한다. 바닥재 밑에 시공하거나 파티션 사이에 감춰놓기 때문에 우리 눈에 잘 보이

• 남혁우 기자, "구글 데이터센터, 美 댈러스 물 4분의 1 쓴다", 《지디넷코리아》, 2022. 12. 20.

지 않을 뿐이지만, 인터넷에 접속할 수 있는 건 바로 랜선이 연결되었기 때문이다. 때로 어떤 이는 책상에 달린 포트에 랜선을 꽂았는데도 인터넷이 되지 않는다고 말한다. 포트는 선과 선을 연결하는 입구일 뿐, 포트 뒤로 랜선이 연결되어 있지 않으면 접속할 수 없다.

우리는 선을 통해 연결되어 있다. 우리가 미국의 웹사이트에 접속할 수 있는 것도 바로 선이 있기 때문이다. 바닷속에 해저 케이블이 묻혀 있기 때문에 어느 나라든 접속할 수 있다. 해저 케이블은 전선 안에 물이 들어가지 않도록 아주 두껍게, 그리고 대륙을 이을 수 있을 만큼 길게 만들어진다. 네트워크 전문가와 잠수부 들이 힘을 합쳐 케이블을 놓은 덕택에 전세계를 횡단하는, 말 그대로 '네트워크network'가, 연결망의 협업이 가능한 것이다.

비트코인이나 인공지능 같이 최첨단으로 보이는 모든 IT 기술도 현실의 물리적인 자원에 근거하고 있다. 코인을 채굴하기 위해 끝없이 돌아가는 서버, 인공지능을 학습시키기 위해 빅데이터를 수집하는 슈퍼컴퓨터가 그러하다. 아이러니하게도 인공지능 개발에 있어 가장 중요한 건 컴퓨터마다 꽂혀 있는 그래픽처리장치GPU다. 일반적으로 게임을 할 때나 고사양의 GPU가 사용된다고 여기지만, 딥러닝에 있어서도 GPU의 성능이 핵심이다. 더 빠르게, 더 많은 연산을 수행할 수 있어야 하기 때문이다. 인공지능이라고 하면 추상적인 영역에서 기계가 '알아서' 학습해나가는 기술로 여기는 사람이 많다. 그러나 이를 위해서는 결국 그만큼 물리적인 하드웨어가 뒷받침되어야 한다. 오픈AI가 개발한 인공지능 챗봇 챗GPT Chat GPT만 해도, 최고 사양의 GPU가 약 30,000개 이상 투입될 것으로 추정된다.[*]

기술은 신비롭지 않다. 그 원천은 결국 지구의 온갖 자원으로부터 나온다. 날마다 데이터가 쌓이고, 새로운 서비스가 출시될수록 우리는 지구의 자원을 더 많이, 그리고 더 빨리 쓰는 셈이다. 인공지능 기술로 개발한 챗봇과 대화를 한번 나눌 때마다 우리는 지구의 물을 약 500ml씩 사용한다.[**] 이전에는 한 번만 다운로드받아 시청하던 영상을 실시간 스트리밍으로 보면서 탄소배출도 가속화됐다(그래서 영상 스트리밍 서비스인 넷플릭스의 주요 목표 중 하나가 탄소 발자국 절감이다).

이번 서비스 장애로 인해 카카오는 서비스를 다중화하고 데이터센터에 투자하겠다고 밝혔다. 이렇게 하면 분명 서비

---

[*] Hanno Labuschagne, "ChatGPT will need over 30,000 Nvidia GPUs to go commercial", *My Broadband*, 2023. 03. 02.

[**] 정병일 위원, "AI는 '물먹는 하마'…챗GPT 대화 한번에 물 500ml 필요", 《AI 타임스》, 2023. 04. 12.

스 장애로 인해 다시 전국적인 피해를 입을 가능성은 줄어들 것이다. 그러나 이 같은 대응 방침이 지구적 차원에서 보았을 때 정말 괜찮은지는 확신하기 어렵다. 결국 우리는 지구 어디선가 빚을 내어 편리함을 끌어오고 있을 뿐이기 때문이다. 언제든 퍼내 쓸 수 있을 것만 같던 마이너스 통장도 언젠가 원금 갚을 날이 오듯, 우리에게도 곧 상환일이 도래할 것이다. 그러나 무엇으로 그 빚을 메울 수 있는지 아직 인류에겐 정답이 없다.

우리에게는 더 많은
젠더데이터가 필요하다

★ ★ ★ ★ ★

우리의 모든 행적은 데이터다. 온라인에서 클릭하고 접속하는 것은 행태정보의 일환이 되고, 검색하거나 구매하는 것은 회원정보로 구분된다. 그저 길거리를 걸어갈 뿐인데도 데이터로 수집될 수 있다. 예를 들어 어떤 택시는 차체 위에 설치된 패널로 광고를 노출할 뿐만 아니라, 그 속에 설치된 센서를 이용해 길거리의 데이터를 수집한다. 유동인구는 얼마나 되는지, 골목길은 어느 정도로 밝은지 등을 데이터화한다. 택시를 꼭 마주치지 않더라도, 휴대폰을 들고 있는 것만으로도 데이터로 기록된다.

2020년에 치러진 제21대 총선에서 민주당은 실제로 흔적

데이터를 통해 선거 유세 전략을 세운 적이 있다. 민주당 산하 민주연구원은 한 이동통신사와 독점 계약을 맺고 거리마다 유동인구 통계 데이터를 이용했다. 언제 어디에 사람이 가장 많은지를 볼 뿐만 아니라 이용자의 누적 동선, 소비 패턴, 세대별 특성까지 데이터에 포함됐다.● 민주당 선거캠프는 이를 기반으로 가장 적합한 홍보 문구를 뽑아 현수막을 설치하고, 유세 차량의 동선을 짰다고 한다. 이때 거둔 180석이라는 '대승'은 빅데이터를 활용한 기관의 성과로 기록됐다.

데이터는 내가 누구인지, 무엇에 관심이 있는지, 몇 시에 어디에 있었는지를 세세히 기록한다. 이렇게 쌓인 데이터를 가장 적극적으로 활용하는 건 다름 아닌 기업이다. 웹사이트마다 달려 있는 구글 광고는 내가 구매할 만한 물건을 적극적으로 추천해준다. 내가 어떤 소비자로 분류되어 있는지 궁금하다면 구글에 로그인한 뒤 개인정보 보호관리 탭에 들어가면 된다. 맞춤형 광고 안내 페이지에 접속하면 내 가계 소득이나 재직하는 회사의 규모, 기혼 여부 혹은 자녀 유무 등이 빼곡하게 적혀 있다. 물론 이는 행태정보를 기반으로

● 전현건 기자, "선거도 빅데이터 시대…유세 동선·현수막 설치 '맞춤 전략'", 《뉴스 웍스》, 2020. 04. 30.

추정된 것이므로 100% 정확하지는 않다.

이러한 행태정보는 유튜브나 페이스북에서 광고를 집행할 때 사용자군을 분류하는 데 활용된다. 예를 들어 자녀교육 콘텐츠의 경우 자녀가 있는 사람을 대상으로만 콘텐츠가 보이도록 할 수도 있고, 특정 지역에 거주하는 특정 세대를 대상으로 영상을 노출시킬 수도 있다. 광고를 집행할 때는 대상을 아주 구체적으로 지정할 수 있다. 이와 같은 설정은 각 플랫폼에서 수집하는 이용자의 정보에 의거한다.

소비자로서 우리는 낱낱이 분석되고 기록된다. 어디를 오가는지, 돈을 얼마나 버는지, 어떤 물건과 장소에 관심 있는지 말이다. 그러나 소비자가 아닌 시민으로서 안전한 생활을 영위하기 위해 필요한 데이터는 어떨까. 안전을 위한 데이터도 충분히 기록되고 분석되고 있는 걸까?

—— **신당역 여성살해 사건이 드러낸 젠더데이터 공백**

2022년 9월 14일 저녁, 서울의 지하철 역사 내 화장실에서 여성 역무원이 살해당했다. 신당역 여성살해 사건을 접했을 때, 마침 나는 신당역에서 전철을 기다리는 중이었다. 플랫폼에 서서 스마트폰으로 뉴스를 무심히 내려보다가 기사 제목을 발견한 순간, 말 그대로 몸이 얼어붙었다. 피해자는 역사 내 여성화장실을 순찰하던 중 전 직장 동료였던 가해자의 칼에 찔려 죽었다. 그가 사망한 화장실은 내가 서 있는 곳에서 고작 50m 남짓 떨어져 있었고, 사건이 일어난 지 12시간도 채 지나지 않았다. 화장실이라는 표지판이 낯설고 무섭게 보였다. 덜덜 떨며 활자를 읽어 내려가는데, 몸이 저리듯 아프고 속이 울렁거렸다.

처음 사건이 보도된 건 단신이었다. 왜 범죄가 일어났는지, 가해자는 누구인지는 후속보도를 통해 알려졌다. 후속보도가 하나둘 올라올 때마다 사건의 진실이 더욱 충격적인 형태로 드러났다. 가해자는 피해자와 입사 동기인 데다 피해자를 스토킹한 바 있었다. 그는 피해자에게 문자와 전화를 통틀어 수백 번 접촉을 시도했고 불법촬영물을 보내며 협박했다. 피해자가 가해자의 행태를 경찰에 고소하자, 그 이후에는 합의를 종용하는 연락을 쉼 없이 보냈다. 가해자가 피해자를 살해한 날은 법원 판결이 나오기 하루 전이었다. 심지어 법원에 반성문을 제출하고 돌아온 참이었다. 그는 사내시스템 접속이 차단되지 않았던 점을 이용해 피해자의 근무 일정을 확인했다. 게다가 같은 직장이었기 때문에 언제 어떻게 순찰을 도는지 동선마저 알고 있었다. 오전에 반성문을 내고 왔던 그는 저녁에 피해자의 동선을 추적했던 것이다.

사건이 충격적이었던 만큼, 신당역 사건 현장에는 많은 사람이 다녀갔다. 그가 살해당한 화장실에 추모와 애도의 포스트잇이 붙었고 국화꽃이 놓였다. 그런가 하면 정치인들도 현장을 방문했다. 그 가운데에는 김현숙 여성가족부 장관도 있었다. 그는 피해자가 살해당한 현장 앞에서 기자들을 향해 이 사건은 젠더폭력이 아니라고 힘주어 말했다. 그 주장에 별다른 근거는 따라붙지 않았고, 심지어 그가 생각하는 젠더폭력이 무엇인지에 대한 정의도 없었다. 김 장관이 무엇을 생각했든 시기적으로도 불필요한 말이었다.

젠더폭력은 무엇인가. 비단 남성이 여성을 죽였기 때문에 젠더폭력이라고 하는 것인가? 아니다. 이 사건은 보다 복합적인 면면에서 젠더폭력이다. 특히 이 사건 뒤에 놓인 젠더데이터 공백을 보면, 이 사건에 대해 누구도 젠더폭력이 아니라고 말할 수 없다.

젠더데이터 공백은 단어 그대로 여성이나 소수자의 데이터가 제대로 수집되지 않아 공백 상태로 남는 현상을 일컫는다. 영국의 여성운동가 캐럴라인 크리아도 페레스가 쓴 책《보이지 않는 여자들》에서는 편향된 데이터 수집이 여성의 실생활을 얼마나 악화시키는지, 젠더데이터 공백으로 인한 문제를 자세히 다룬다. 이 책에서는 화장실, 교통과 이동,

자동차 안전 문제 등에 이르기까지 사회 각 영역에서 여성의 데이터가 제대로 수집되지 않아 전지구적으로 여성들이 실질적인 위험에 처한 사례가 빼곡하게 실려 있다. 예를 들어 방사능 위험도 측정 연구는 170cm 표준 신장의 남성을 상정하고 그보다 작은 신장의 사람은 별도로 연구하지 않는다. 방사능으로부터 안전한 작업환경을 구축한다 해도 이런 방식의 연구에 따르는 한, 현장은 남성 중심적으로 세워진 '표준'에서 어긋나는 사람들, 특히 여성에게 더욱 위험한 곳이 되고 만다.[*]

젠더데이터 공백은 비단 여성에게만 해당하지 않는다. 성소수자도 젠더데이터 공백으로 인해 존재가 지워지는 경험을 겪는다. 아래는 2020년 국정감사에서 장혜영 정의당 국회의원이 통계청장에게 질의한 내용 중 일부다.

엊그제 통계청 국감에서 통계청장님께 인구주택총조사에 가구주와 배우자의 성별이 같아도 데이터를 처리해달라고 요청해 긍정적인 대답을 받은 이후, 이번 조사에 적용되는 시스템을 확인해보니 놀랍게도 5년 전보다도 더욱 경직된 시스템으로 개악되어

● 캐럴라인 크리아도 페레스, 《보이지 않는 여자들: 편향된 데이터는 어떻게 세계의 절반을 지우는가》, 황가한 옮김, 웅진지식하우스, 2020.

있는 것을 확인했습니다. 5년 전에는 그나마 데이터는 포집되고 내검에서 걸러졌다면 이번에는 아예 포집 자체가 되지 않는 형국입니다. (…) 통계는 정책수립의 근거입니다. 통계가 현실을 정확히 반영하지 못한다면 정책은 현실과 괴리될 수밖에 없습니다.●

　　장혜영 의원이 지적하고 있는 인구주택총조사는 각종 정부 부처에서 정책을 설계할 때 필수적으로 참고하는 자료다. 그러므로 이 결과에서 소수자가 집계되지 않는다면, 성소수자는 향후 정책에서도 사각지대에 남겨질 가능성이 높다.

　　젠더데이터 공백은 신당역 역무원 살인 사건과도 관련이 있다. 살인 사건의 피해자는 스토킹 범죄의 피해자이기도 했다. 그가 가해자를 고소하자 검찰은 즉각 법원에 구속영장을 신청했지만 기각됐다. 구속영장은 왜 기각됐을까? 물론 여기에는 데이터 공백뿐만 아니라 사회문화적인 편견도 개입되어 있을 가능성이 높다. 지난 판례를 참조했을 때, 스토킹 범죄를 실패한 짝사랑이나 이성관계 문제로 축소하는 관행이 존재했기 때문이다. 그러나 관행에 의거하지 않더라도 법원은 스토킹 범죄가 무엇인지, 왜 피해자들이 두려움

●　장혜영, "통계는 정책수립의 근거입니다", 정의당 국회의원 장혜영 홈페이지, 2020. 10. 16. https://janghyeyeong.com/message (2023년 5월 30일 접속)

에 떠는지, 가해자를 구속시키는 것이 왜 필요한지 '증명'하지 못한다. 여성 대상 스토킹 범죄의 특수성을 가늠할 만한 데이터가 사실상 공백에 가깝기 때문이다. 젠더데이터는 존재하지 않아 비어 있는 것이 아니라 수없이 보고되었지만 수집하지 않았기에 없는 영역이다.

———— **데이터 사이로 들리는 여성들의 외침**

신당역 살인 사건이 일어난 직후, 언론사마다 이 사건을 이해하기 위해 몇 가지 연구결과를 기사에 인용했다. 그중 가장 자주 언급된 건 이수정 경기대학교 범죄심리학과 교수 연구팀이 2021년 3월 국회 여성가족위원회에 제출한 〈스토킹 방지 입법 정책 연구〉와, 김성희 경찰대학 경찰학교 교수와 이수정 교수가 2022년 8월 발표한 논문 〈친밀한 파트너 살인의 특성에 관한 연구: 헤어진 파트너 대상 스토킹을 중심으로〉다.* 〈스토킹 방지 입법 정책 연구〉는 프로파일러로

● 이수정 외, 〈스토킹 방지 입법 정책 연구〉(2020년도 연구용역보고서), 경기대학교, 2021; 김성희·이수정, 〈친밀한 파트너 살인의 특성에 관한 연구: 헤어진 파트너 대상 스토킹을 중심으로〉,《교정연구》제32권 제2호, 한국교정학회, 2022, 117~152쪽.

유명한 이수정 교수가 연구책임을 맡았다. 이 연구는 법적 측면에서 스토킹 처벌이 어떻게 이뤄지고 있는지 밝히고, 국외 스토킹 방지 법률은 어떤 식으로 구성되어 있는지 비교 분석한다. 특히 여기서는 스토킹 피해를 경험한 256명을 대상으로 설문조사를 진행했다.

응답자 가운데 여성은 245명(95.7%)으로 다수를 형성했다. 그리고 전체 응답자 256명 중 절반 이상이 스토킹 피해를 겪고 있다고 판단했을 때 그 상황을 피하거나(25.4%) 저항하지 못하고 피해를 당했거나(14.5%) 온라인에서 무시·차단하거나(11.3%) 설문조사에서 자신의 경험을 명확하게 표현하지 못하는(기타 1.6%) 등 피해에 적극적으로 대응하는 것을 어려워했다. 특히 피해자가 스토킹 피해를 경찰에 신고한 비율은 5.5%로, 매우 작은 비중을 차지했다. 당연한 말이지만 범죄에 적극적으로 대응할 수 없었던 건 피해자들의 탓이 아니다. 2022년 9월《한겨레》보도에 따르면, 스토킹처벌법이 시행된 이후 검찰이 처분한 스토킹 사건 3,182건 가운데 실제 피의자가 구속된 건수는 고작 154건으로 약 4.8%에 불과했다. 범죄가 신고되었음에도 불구하고 경찰이 구속영장을 신청하지 않은 경우도 많았다. 피해자들이 적극적으로 대응하지 못한 배경에는 스토킹 범죄에 대해 유난히 '관대한' 공적 처분이 자리잡고 있다.*

〈스토킹 방지 입법 정책 연구〉에서 또 주목할 부분은 85.9%의 피해자가 가해자를 아는 사이라고 답변한 것이다. 연인관계였던 비율(37.5%)도 적지 않았지만, 동급생·선후배(20.3%)거나 채팅 상대자 또는 SNS상 팔로워(6.6%)처럼 친밀도가 약한 관계는 물론 단순 대면인, 같은 직장, 같은 동네(각각 7.8%, 6.6%, 3.1%)처럼 단순히 얼굴이나 이름을 아는 정도까지 포함하면 여성들이 대부분의 대인관계에서 스토킹 범죄의 피해자가 될 수 있음을 알 수 있다. 한편 스토킹 범죄로 인해 신체적 폭력을 당한 피해자는 응답자 중 42.6%에 달했다. 이는 스토킹 범죄가 '단순한 이성 문제'에 국한되지 않으며 물리적 폭력으로 이어진다는 사실을 선명하게 보여준다. 물론 이 데이터에도 한계는 있다. 연구보고서는 어디까지나 설문조사를 바탕으로 이뤄진 것이고, 경찰청에서 일괄적으로 수집하는 범죄통계가 아니기 때문이다.

그런가 하면 〈친밀한 파트너 살인의 특성에 관한 연구: 헤어진 파트너 대상 스토킹을 중심으로〉는 과거에 연인 등 친밀한 사이에서 일어났던 여성살인을 다룬다. 앞서 소개한 연구가 스토킹 범죄를 특화해서 다뤘다면, 이 연구는 여

● 박고은·이주빈 기자, "스토킹 구속 비율, 48%도 아니고 4.8%…너무도 관대한 나라", 《한겨레》, 2022. 09. 16.

성살해 자체에 중점을 뒀다. 신당역 여성살해 사건의 피해자가 가해자와 친밀한 관계였던 건 아니지만, 스토킹 범죄의 특성상 연구결과와 교차되는 지점이 많다. 이 연구는 친밀한 사이에서 여성이 살해되기 전에 스토킹 범죄가 선행한다는 점을 지목한다. 특히 연구자들은 논문의 서두에서 친밀한 관계의 남성으로부터 살해당하거나 살해당할 뻔한 여성이 지난 13년 간 국내 총 2,298명이었다는 수치를 밝혔다. 이는 한국여성의전화가 매년 수집해 발표하는 '분노의 게이지' 통계에 따른 것이다.

분노의 게이지는 (전/현) 배우자·애인·동료 등 피해자와 밀접한 관계에 있었던 남성 가해자가 여성을 살해하거나 살해할 뻔한 사건을 집계한 통계다. 2009년부터 시작된 분노의 게이지는 연초마다 활동가와 자원봉사자 들이 대거 투입되어 언론기사를 검색해 직접 자료를 수집하고 일일이 분류해서 통계를 낸다. 기본적으로 언론에 보도된 사건을 중심으로 분류하기 때문에 보도되지 않은 범죄는 통계에 반영되지 못한다. 가시화된 사건만을 모은 최소한의 데이터인 셈이다. 최소치임에도 불구하고 통계결과는 충격적이다. 2023년 3월 발표된 2022 분노의 게이지에 따르면, 여성 피해자는 친밀한 관계의 남성에 의해 1.17일에 1명꼴로 살해되거나 살해될 뻔했다.* 2021년도 통계에서는 1.4일에 1명으로 발표되었는데, 1년 사이 더 줄어든 것이다. 이 가운데 이별을 요구하거나 만남을 거부해서 범행을 저질렀다는 가해자의 비율이 26.3%로 가장 높았다. 수집된 범행동기는 하나같이 기가 막힌 수준이다.

"'그만 만나자'고 해서." "이혼 후 재결합 요구를 거절해서." "체면을 세워주지 않아서." "폭행 또는 스토킹 혐의로 신고해서." "자신의 옷을 바닥에 끌고 나와서." "다른 남자를 쳐다봐서." "남자에게 문자가 와서." "전 애인에게 애인이 있다는 사실에 화가 나서." "전화를 받지 않아서." "술상을 차리지 않아서." "닭에게 모이를 주지 않아서."

이런데도 왜 젠더폭력이 아니란 말인가

분노의 게이지는 손이 굉장히 많이 가는 프로젝트다. 이 프로젝트를 하는 데 수십 명의 활동가와 자원봉사자 들이 꼬박 두 달을 할애해 하루 몇 시간씩 컴퓨터 앞에 앉아 기사를 검색한다. 그리고 본문을 꼼꼼하게 읽으며 가해자가 누구인

● 한국여성의전화, "2022년 분노의 게이지: 언론 보도를 통해 본 친밀한 관계의 남성 파트너에 의한 여성살해 분석", 한국여성의전화, 2023. 03. 07.

지, 피해자와 어떤 관계였는지, 그전에 범죄를 방지할 방법은 없었는지 등 기사에 나온 내용을 하나하나 정리한다. 이를 엑셀로 옮겨 숫자를 더하면서 살인 혹은 살인미수에 대한 숫자를 더한다. 연초가 되면 곧바로 시작되는 이 작업의 결과는 매년 3월 4일 여성의날에 발표된다.

이전까지 분노의 게이지 통계는 오로지 수작업에 의존했다. 그러나 2021년부터는 보도된 기사를 자동으로 수집하는 크롤링crawling 방식을 도입했다. 비영리단체를 기술적으로 도와주곤 하던 개발자 '슬'이 손을 보탠 덕택이다. 이전에는 자원봉사자들이 직접 뉴스를 검색하고 일일이 뉴스 링크와 기사를 공용 엑셀 문서에 붙여넣는 식으로 작업해왔다. 그러나 지금은 목록 만드는 작업을 자동화해 시간을 상당히 단축시켰다. 물론 관련 없는 뉴스도 종종 포함되기 때문에 눈으로 보고 걸러내는 작업은 여전히 필요하다. 기사마다 가해자를 '전 애인'이나 '내연남' 등 지칭하는 방식도 달라 가해자와의 관계나 범행 동기 등을 추출하는 것도, 같은 사건이 중복으로 계수되지 않는지 확인하는 것도 작업자의 몫이다. 자동화로 해결할 수 있는 부분도 있지만, 여전히 작업자가 하나씩 확인해야 하는 영역이 상당수 존재한다.

그런데 왜 국가기관이 아닌 민간 시민단체가 매년 이렇게 범죄현황 데이터를 검색·수집·기록하는 걸까? 답은 간단하다. 경찰이 하지 않기 때문이다. 경찰청은 스토킹 범죄에 대해서는 통계를 내고 있지만, 가해자와 피해자가 어떤 관계에 있었는지, 여성살해가 일어날 때 어떤 전조가 있었는지 등에 대해서는 데이터를 모으지 않는다.

이와 같은 범죄현황 데이터는 많은 여성의 죽음을 막기 위해 꼭 필요한 자료다. 재판부가 구속영장을 기각하지 않을 수 있는, 사건을 짝사랑의 문제라고 치부하지 않을 수 있는 근거로서 효력을 발휘할 수 있기 때문이다. 피해자들은 사적인 문제로 치부되어 구속영장이 기각되기 때문에 신고하고 나서도 살해당한다. 바로 스토킹 범죄, 가정폭력, 데이트폭력의 가해자들에게. 그래서 여성들이 직접 팔을 걷어붙이고 데이터를 모으기 시작한 것이다. 말 그대로 분노를 담아서.

신당역 여성살해 사건이 일어난 지 채 한 달도 지나지 않아 기사가 또 하나 보도됐다. 전 남편에게 아내가 살해당했다는 뉴스였다. 이 사건의 피해자는 이미 네 차례나 경찰에 가정폭력을 신고한 상태였다. 접근금지신청서를 직접 법원에 제출해 이에 대한 결정을 받았고, 그 이후에는 접근금지명령을 어기고 집에 들어온 남편을 퇴거해달라며 퇴거신청서까지 썼다. 그녀는 신고한 이후에도 찾아온 남편에게 폭행당했다.

신당역 여성살해 피해자는 가해자를 두 번이나 고소했다. 재판이 진행되는 가운데 가해자가 갑작스럽게 습격한 순간에도 피해자는 마지막까지 화장실 비상벨을 눌렀다. 위의 가정폭력 피해자도 마찬가지다. 여성들은 언제나 제도가 하라는 대로 했다. 그러나 신고해도, 고소해도, 벨을 눌러도 여자들은 죽었다. 심지어 당국은 이 죽음을 기록하지도 않는다. 이런데도 젠더폭력이 아니란 말인가.

이미지에도
젠더편향이 있다

★ ★ ★ ★ ★

온라인 미디어에 글을 기고할 때는 참고할 만한 이미지를 하나라도 꼭 찾아 넣는 편이다. 그렇지 않으면 원고의 전체적인 가독성이나 유입률이 떨어지기 때문이다. 글의 주제에 적합하면서도 저작권이 자유로운 이미지를 찾기 위해 이미지 검색을 자주 한다. 간혹 간단한 디자인 작업과 웹사이트 개발이 합쳐진 일감을 외주로 받기도 하는데, 이때는 내가 만들고자 하는 이미지와 유사한 레퍼런스를 찾기 위해 검색에 여러 시간을 쏟는다.

그런데 이미지를 찾을 때마다 노출이 심하거나 성관계를 연상시키는 '19금' 이미지를 자주 마주친다. 한 번은 행사 홍보물 디자인 작업을 위해 레퍼런스를 검색하다가 깜짝 놀랐다. 일반적으로 사용되는 흔한 단어인데도 불구하고 화면이 성행위를 묘사하는 이미지로 빼곡하게 채워졌기 때문이다. 로그인하지도, 성인임을 인증하지도 않았는데 여성 캐릭터들이 기이하게 뒤틀린 자세를 한 채 탈의한 이미지가 화면을 한가득 메웠다. 곧바로 단어에 대한 이미지 검색 결과를 포털의 고객센터에 신고했다. 처음에는 조치되는가 싶었는데 몇 개월 지나자 검색 결과는 더 심각한 수준에 이르렀다.

그 뒤에도 이미지 검색 결과를 수없이 신고했다. 가장 최근에 신고했던 사례는 이태원 참사와 관련된 이미지였다. 국내 포털사이트 검색 결과에는 사망자들의 나신이 모자이크도 되지 않은 채 버젓하게 올라와 있었다. 이미지의 출처는 바로 참사 당일의 SNS였다. 참사가 발생한 현장만큼이나 SNS도 아비규환이었다. 무엇 하나 걸러지지 않은 사진과 영상이 계속해서 올라왔고 사람들은 충격에 빠졌다. 참혹한 현장을 그대로 담은 이미지가 끊임없이 게시되자 대한신경정신의학회에서는 "여과 없이 사고 당시의 현장 영상과 사진을 퍼뜨리는 행동을 중단해야 한다."고 성명서를 발표했다. 이러한 이미지는 고인과 유족에 대한 명예훼손일 뿐만 아니라 그것을 보는 사람에게도 부정적인 영향을 미치기 때문이었다.

성명서가 발표된 이후 사용자들이 이미지를 무분별하게 공유하는 행위는 점차 사그러들었지만, 문제는 그 이후였다. 이미지 가운데 일부가 블로그나 개인 홈페이지 등으로 퍼지면서 '이태원 참사'를 검색했을 때 또다시 가장 상단에 위치하는 이미지가 되어버렸다. 보호처리가 전혀 되지 않은 피해자 사망 사진이 검색 결과 최상단에 위치한다는 사실을 나는 아이를 통해 알았다. 이태원 참사가 뉴스에 떠들썩하게 나오자 궁금해서 검색해본 아이가 사진을 보고 심한 충격을 받았던 것이다. 아이가 검색한 단어는 '이태원 참사' 다섯 글자였다. 곧바로 아이와 대화를 나누며 마음을 가라앉히려 애썼지만, 머릿속에서 쉽사리 이미지가 떠나지 않는 듯했다.

어떤 이미지는 폭력이 된다. 때로 정치적으로 선동하거나 편견을 조장하기 위해 사용되기도 한다. 기술과 이미지가 만났을 때 부작용은 증폭된다. 자극적인 이미지일수록 더 많이 보기 때문에 이미지 노출 순위도 점점 올라가고 그럴수록 더 많이 공유되기 때문이다. 위 두 사례는 모두 똑같은 국내 포털사이트에서 일어난 일이고, 국내에 서비스되는 대다수의 검색엔진에서도 비슷한 검색 결과가 도출되었다. 이미 대다수의 검색엔진에서 검색 알고리즘에 딥러닝을 도입했지만, 인공지능을 통해 부적절한 이미지를 걸러낸다 한들 쏟아지는 이미지에 대응하기는 역부족이다.

———— **성차별에서 시작된 이미지 기술의 역사**

이미지 기술의 역사를 거슬러 올라가면 이미지 기술이 시작부터 성차별을 내포하고 있음을 알 수 있다. 몇몇 독자는 이미 눈치챘겠지만, 이미지 프로세싱을 논할 때 빠짐없이 등장하는 '레나Lena'에 대한 이야기다.

1973년 이후 이미지 파일의 역사는 모델 레나 포르센의 사진과 함께했다. jpeg/jpg, bmp, png와 같은 이미지 파일 형식이 새롭게 개발될 때마다 커다란 깃털이 달린 모자를 쓰고 헐벗은 어깨로 정면을 똑바로 바라보는, 20대의 아름다운 여성 얼굴이 사용되어왔다. 이미지 프로세싱뿐만 아니라 영상처리 영역에서도 이 사진을 수시로 발견할 수 있다. 레나의 얼굴은 화질이나 색감, 노이즈 등을 확인하기 위해 가장 기본적으로 사용되는 테스트 이미지다. 이미지와 영상처리 분야에 있어 레나는 테스트 이미지로 활용될 뿐만 아니라 논문이나 연구보고서, 교재와 수업과제 등에도 가리지 않고 실렸다. 워낙 많은 곳에 실렸기 때문에 레나는 '정보시대의 마돈나'라는 별명과 더불어 '모나리자 이후 가장 많이 연구된 여자'라 불린다.

교과서부터 논문까지 가리지 않고 실렸던 레나의 사진은 사실 《플레이보이》 1972년 11월호에 게재된 것이었다. 정사각형으로 크롭되어 있지만 벗은 어깨로 유추할 수 있듯, 원래는 누드 사진이다. 1973년 서던캘리포니아대학교의 알렉산더 소척 교수 연구팀이 이미지 프로세싱을 시험해볼 만한 대상을 찾다가 마침 갖고 있던 잡지에서 레나의 사진을 잘라 스캔한 것을 시초로 본다. 정작 레나 본인은 이 사실을 까맣고 모르고 있다가 1988년 한 출판사의 전화를 받고 이 사실을 알았다고 한다.

1996년 전기전자공학자협회Institute of Electrical and Electronics Engineers, IEEE의 데이비드 먼슨 교수는 어째서 업계가 레나의 사진을 줄곧 사용해왔는지 해명을 시도했다. 그는 단순한 부분부터 시작해 레나가 쓴 모자의 깃털까지 디테일을 조정할 수 있는 데다가, 사진의 전체적인 톤 밸런스가 좋기 때문에 이미지 프로세싱 테스트에 적합하다고 주장했다. 이것만으로도 부족하다고 생각했는지, 그는 무엇보다 누구에게나 매력적인 사진이라고 덧붙였다. 장황하게 설명했지만 마지막에 덧붙인 말이 가장 핵심으로 보인다.

20대 여성의 누드 사진이 무려 50년이 지난 지금까지 이미지와 영상처리의 표준 샘플로 사용되는 현실은 이 업계가 얼마나 남성중심적인 토대 위에 세워져 있는지를 명백하게 보여준다. 2019년 발표된 다큐멘터리 〈루징 레나Losing Lena〉는 이제 레나를 떠나 다른 이미지를 찾자고 제안했다. 그러나 레나는 지금도 쓰이고 있다. 레나는 지금까지 테크 업계가 여성의 이미지를 얼마나 가볍게 소비하고 있었는지를 꿰뚫어볼 수 있는 리트머스 시험지다.

검색 결과는 '성적 대상화'입니다

미국의 정보학 교수 사피야 우모자 노블은 《구글은 어떻게 여성을 차별하는가》를 쓴 계기로 한 가지 일화를 꼽았다. 구글에서 'black girl'을 검색하자 아프리카계 미국인 소녀를 성적 대상화하는 검색 결과가 최상단에서 쏟아졌다는 것이다.● 현재 노블 교수가 확인했던 검색 결과는 나오지 않는다. 그러나 같은 문제가 이미지 생성 인공지능에서 재현되고 있다. 이미지 생성 인공지능에 'black girl'과 'black boy'를

● 사피야 우모자 노블, 《구글은 어떻게 여성을 차별하는가: 불평등과 혐오를 조장하는 알고리즘 시대의 진실을 말하다》, 노윤기 옮김, 한스미디어, 2019, 10쪽.

입력해 이미지를 만들어봤는데, 결과는 눈에 띄게 달랐다. 'black girl'로는 가슴과 다리가 부각되는, 글래머러스한 몸매의 소녀 사진이 여러 장 생성되었고, 'black boy'로는 셔츠 단추를 목까지 채운 단정한 옷차림의 소년 사진이 만들어졌다. 인공지능 시대에도, 게다가 수년 전 문제가 제기된 부분임에도 여전히 차별이 재생산되고 있는 것이다. 포털마다 여성이 성적 대상화된 이미지를 수없이 쏟아내고 있으니 이런 결과도 당연한 걸까.

국내 여성단체 중 하나인 '정치하는엄마들'에서는 2022년 포털사이트의 이미지 검색 결과를 바꾸자는 캠페인을 진행한 바 있다. 여기 회원들도 아이와 함께 평범한 단어를 검색했다가 똑같이 봉변을 당했다고 한다. 아이와 함께 '서양', '길거리' 같이 평범한 단어를 검색했을 뿐인데 눈 뜨고 보기 어려운 정도의 이미지가 화면 가득 떴다. 게다가 어떤 이미지는 불법촬영한 결과로 보였다(네이버는 일부 개선되었지만 카카오는 여전히 같은 검색 결과를 보인다).

문제는 이 같은 단어가 지극히 일상적인 단어라는 데 있다. 이미지는 폭우처럼 쏟아지는데 물방울을 하나하나 처리하기에는 손이 너무나 부족하다. 지금까지는 성인 인증이 되지 않은 회원에게 키워드 검색을 제한하는 방식으로 필터링이 이뤄지고 있다. 이전에는 여중생이나 여고생 같은 일반적인 단어마저 성인용 키워드로 처리되기도 했다. 여중생을 검색하면 '성인용 검색 결과는 제외되고 보입니다.'라는 형태의 알림문구가 뜨는 것이다. 반면 남중생을 검색하면 남성 중학생용 가방이나 옷 같은 이미지가 노출된다. 우리나라에서 여성이, 그것도 미성년자가 얼마나 성적 대상화된 존재인지 가늠할 수 있는 대목이다.

미성년자에게 성인용 이미지가 노출되는 현상은 그 자체로 문제다. 그러나 더 심각한 건, 이러한 검색 결과를 통해 단어와 이미지 사이에 모종의 관계가 형성된다는 사실이다. 우리는 맥락을 통해 단어를 배우지 않는가. 미국 드라마를 보며 영단어를 외우는 것도 예제 안에서 단어의 의미를 더 깊이 있게 파악할 수 있기 때문이다. 검색 결과도 일종의 활용 예다. 길거리를 검색했는데 거리를 지나다니는 여성들의 뒷모습과 다리의 이미지만 나타날 때, 이태원 참사를 입력했는데 충격적인 현장 사진을 목도했을 때, 그 이후부터 사용자가 단어와 대상에 대해 어떤 감정을 가질지는 너무나 명백하지 않은가.

쏟아지는 유해 이미지 중에는 창작자가 분명한 의도를 가지고 만든 것이 많다. 괴상한 자세로 몸을 꼬며 나체로 이성을 유혹하는 여성의 이미지 등이 그렇다. 그러나 그럴 의도가 없었는데도 부지불식간에 편견을 강화하는 이미지도 있다. 주로 셔터스톡이나 이미지뱅크 등에서 유료로 판매하는 이미지 소스다. 여기에는 사진뿐만 아니라 일러스트, 아이콘 등 다양한 이미지가 종류와 무관하게 포함된다. 디자인 에이전시에 따라 이미지를 자체적으로 창작하는 경우도 많지만, 고객사가 요청한 분위기에 걸맞는 이미지 소스를 유료 이미지 사이트에서 구매해 디자인하는 경우도 많다.

웹포스터를 만들어야 하는데 정신없이 바쁜 데다 손마저 부족할 때 유료 이미지 사이트에서 이미지를 구매하면 일이 훨씬 쉬워진다. 나는 대체로 디자이너와 팀을 이뤘지만, 가끔 디자이너가 없으면 간단한 디자인 업무까지 도맡아 프로젝트에 들어가곤 했다. 물론 전문가가 아니기 때문에 그만한 퀄리티를 낼 수는 없었고, 고객사에서도 그런 사실을 충분히 감안해 일을 맡겼다.

그런데 유료 이미지 사이트에 접속해 이미지를 찾다 보니 기이한 현상을 발견할 수 있었다. 의사나 판사 같은 전문직의 일러스트를 검색하면 여성보다 남성의 비율이 압도적으로 높은 것이다. 하얀 가운을 입은 남성과 간호사복을 입은 여성이 등장하는 일러스트가 주로 상위권에 게재되어 있다. 한 번은 역사 관련 웹사이트를 의뢰받아 민주화운동에 대한 일러스트를 찾을 일이 있었는데, 그땐 더 심각했다. 민주화운동 관련 일러스트는 죄다 남성뿐이었던 것이다. 시간이 없어 그 일러스트를 구매해 사용했더니 아니나 다를까, 왜 일러스트에 여성이 존재하지 않느냐는 피드백을 받았다. 충분히 납득할 수 있는 지적이었다.

이미지는 사회를 인식하는 참조점이다

겉보기에는 문제 없어 보이는 일러스트라도 특정한 주체에 대한 편견을 강화할 수 있다. 가족을 대상으로 하는 지원사업에 언제나 부부와 남매 한 쌍으로 구성된 4인 가족을 그려넣거나, 가사노동과 관련한 삽화에 늘 여성만을 그려넣는 것도 편견을 부추기는 이미지다. 서울시는 대안으로 2017년부터 홍보물에 대한 성별영향평가를 시행했다. 남성은 직장인으로, 여성은 가정주부로만 그리고 있지는 않은지, 외모지상주의나 외모차별을 조장하지는 않는지 등을 폭넓게 점검하는 사전 점검 프로세스다.

홍보물 성별영향평가 항목은 크게 다섯 가지로 나뉜다. 성역할 고정관념 및 편견/성차별적 표현, 비하, 외모지상주의/폭력에 대한 왜곡된 시각/남녀 비율, 연령 구성, 가족에 대한 고정관념/인권침해가 그것이다. 특히 인권침해 항목에서는 장애인이나 인종, 특정 계층 등 사회적 약자 및 소수자를 차별하는 이미지가 있지는 않은지 점검하는 항목을 넣었다. 질문도 매우 구체적이다. "백인은 부유한 국가 출신으로, 유색인종은 가난한 국가 출신으로 표현함으로써 외국인을 비하하거나 차별하는지 점검하였는가?" "외국인 여성을 성적으로 개방된 모습으로, 노출이 심한 옷차림 등 왜곡되게 획일적으로 표현하고 있는지 점검하였는가?" 등등. 이미지를 제작하는 단계부터 성차별과 인권침해 등을 살뜰히 고민하는 시각이 담겼다.

실제로 공공기관 정책홍보를 위해 만들어지는 이미지 가운데는 성차별을 조장한다는 비판을 받은 사례가 수두룩하다. 대표적인 것이 2019년 1월 국무총리실에서 낸 '불법촬영물 근절 캠페인'이다. '야동'이 아니라 불법촬영물이라는 인식개선을 위해 벌인 캠페인이었지만, 불법촬영물 유통을 범죄로 인식시키기는커녕 도리어 모두가 한 번쯤 겪었을 과거의 추억으로 묘사한 것이다. 특히 카드뉴스 안에서 "누구나 한 번쯤 간직했던 비밀의 폴더 직박구리"라는 언급이나 불법촬영물 폴더를 삭제한 남자친구 옆에서 "오빠 너무 멋져" 하며 껴안는 여자친구의 모습 등이 지탄의 대상이 됐다. 게다가 이 카드뉴스의 이름은 '직박구리 폴더의 비밀'이었다. 사이버성폭력 피해자를 지원하는 한국사이버성폭력대응센터는 즉각 비판 성명을 냈다.

본 만화에서는 중한 범죄 행위로 다루어져야 할 불법촬영물 유통 및 소비를 마치 가벼운 웃음 소재처럼 묘사함으로써 불법적 행위를 지나치게 희화화하고 있습니다. 뿐만 아니라 불법촬영물 유통 및 소비를 근절하고자 하는 여성들의 자발적인 행위를 남성에게 기대어 해결하는 듯한 모습으로 묘사하고 있으며(오빠 너무 멋져), 이는 본 문제를 해결하고자 하는 여성들의 능동적인 행위자성을 왜곡하는 것이기도 합니다.●

현재 홍보물 성별영향평가는 여성가족부에서 주관·시행하는 제도로 청주, 광주, 파주, 대전, 대구 등 국내 각 지자체와 공공기관에서 널리 시행되고 있다. 부적절한 이미지는 애초에 만들지 말자는 취지에 십분 공감한다. 최소한 공공 영역에서 제작되는 이미지만큼은 (게다가 목적이 대체로 정책 홍보인 이상) 최소한의 기준을 지키자는 것은 아주 올바른 방향성으로 보인다.

수전 손택은 《타인의 고통》에서 사진에 대해 이렇게 설명한 바 있다. "사진은 (감각의 옳고 그름을 판단하는) 일종의 참조점을 규정해놓으며, 그 판단의 근거를 나타내는 일종

● 한국사이버성폭력대응센터가 2019년 1월 29일 페이스북 계정에 올린 성명서에서 인용. https://www.facebook.com/kcsvrc/posts/564893334028253 (2023년 5월 30일 접속)

의 토템 기능을 한다. 말로 된 표어보다 한 장의 사진이 사람들의 정서를 훨씬 더 구체화하는 것이다."[●] 이 문장은 전쟁범죄를 촬영한 사진에 대한 이야기다. 똑같은 (혹은 더 극심한) 잔학행위가 일어났다 하더라도 사진이 더 많이 남아 있는 쪽이 사람들에게 더 심각한 사건으로 각인된다는 것이다.

손택의 문장은 지금까지 논의한 이미지 기술의 맥락으로 가져와도 손색이 없다. 여성은 가정주부로, 남성은 직장인으로 표현하는 홍보물이나 길거리라는 키워드에 여성의 불법촬영 사진을 노출시키는 포털은 이 사회에서 성차별이나 편견, 불법촬영과 같은 것이 충분히 통용될 수 있다고 여기게 만든다. 포털이 고스란히 노출하는 이미지가 이용자들이 여성을, 나아가 사회를 인식하는 '일종의 참조점'이 되는 것이다.

국정감사 때마다 국회의원들은 뉴스 검색 알고리즘을 포털사이트의 핵심 문제로 지목해왔다. 하지만 이미지 생성 인공지능을 통해 새로운 이미지가 쏟아지고 있는 지금, 이미지 검색 알고리즘 역시 그 못지않게 중요하다. 키워드에 따라 어떤 이미지가 노출되고 또 생성되는가. 우리가 일상

● 수전 손택,《타인의 고통》, 이재원 옮김, 이후, 2004, 130쪽.

적으로 목도하는 이미지가 증명하는 것처럼, 이를 결정하는
알고리즘은 결코 객관적이지도 중립적이지도 않다.

낙관하기도 비관하기도 이른
인공지능

★ ★ ★ ★ ★

챗GPT를 써보든 써보지 않았든, 누구나 한 번쯤은 그에 대한 이야기를 들어봤을 것이다. 챗GPT는 오픈AI가 개발해 2022년 11월 출시한 챗봇이다. 당시 오픈AI가 공개한 언어모델인 GPT-3를 '현존하는 최고의 언어모델'이라 불렀는데, 챗GPT는 그보다 더 개선된 버전인 GPT-3.5를 기반으로 만들어졌다. 오픈AI는 2015년 설립된 미국의 인공지능 연구기관으로, 초창기에는 공익을 목적으로 표방했으나 2019년부터 영리기업으로 전환했다. 테슬라의 CEO로 잘 알려진 일론 머스크도 오픈AI의 공동 창업자 중 한 명이다.

챗GPT는 출시 직후부터 전세계를 열광시켰다. 미디어,

SNS 할 것 없이 챗GPT와 관련된 뉴스가 매일같이 게시되었다. 그도 그럴 것이 챗GPT는 지금껏 누구도 보지 못한 챗봇이었다. 어떤 질문을 하든 그럴싸한 대답을 척척 내놓을 뿐 아니라 에세이와 시나리오를 창작하고 프로그래밍까지 뚝딱 해냈다. 게다가 복잡한 형식 없이 메시지창에 묻고 싶은 질문을 입력하기만 하면 대답을 보내주는 편리한 인터페이스 덕택에, 인공지능을 잘 모르는 사람이라도 얼마든지 쉽게 접속할 수 있었다. 인공지능이라고 하면 어쩐지 어렵게 느껴지던 허들을 단숨에 낮춘 데다 성능까지 뛰어난 것이다.

챗GPT가 출시되었다고 주변 사람들이 모두 흥분할 때, 사실 나는 별다른 관심이 없었다. 굳이 챗봇에게 물어보고 싶은 게 없었기 때문이다. 이미 내가 원하는 정보는 검색을 통해 알 수 있었기 때문에 새로운 도구를 사용하면서까지 뭔가 알아내고 싶지 않았다. 간혹 호기심에 접속해서 이런저런 질문을 던지기도 했지만 그저 그뿐, 챗GPT가 대단한 챗봇이라는 사실은 알았지만 나와의 접점을 찾지 못해 이내 관심이 시들해졌다.

그러나 이제는 다르다. 지금은 하루도 빠짐없이 챗GPT에 접속하는 헤비 유저가 됐다. 월 20달러를 지불하는 플러스 요금 서비스를 구독하는 것도 고려하고 있다. 무료로 공개된 챗GPT는 수시로 트래픽 때문에 다운되어 사용이 원활하지 않은데, 플러스 요금제를 구매하면 더 빠르게 대화가 가능하다고 한다.

감정노동 없이 물어볼 수 있는 사수, 챗GPT

내가 챗GPT의 열혈 사용자가 된 건 한 개발 프로젝트에 참여하면서다. 일반적으로 개발자마다 자신이 쌓아온 기술 스택이 있다. 예컨대 번역가가 프랑스어나 영어, 일본어 등 자신만의 전문 분야가 있듯 개발자도 그렇다. 나는 자바Java로 개발 경력을 시작했기 때문에 자바를 사용하는 프로젝트에 주로 투입되었다. 이후에는 루비Ruby나 PHP, 파이썬Python 등 맡는 시스템에 따라 되는 대로 개발언어를 바꿔가며 일해왔다. 그러다가 최근에는 리액트React.JS 프로젝트에 투입되었다. 지금까지 해본 개발언어와는 크게 차이가 있었던 데다 처음 해보는 언어라 머리를 싸맬 수밖에 없었다.•

새로운 언어로 개발을 시작할 때 일반적으로 가장 먼저

• 자바와 루비, PHP, 파이썬 등은 백엔드 개발자가 주로 사용하는 객체지향 프로그래밍 언어다. 반면 리액트는 프론트엔드 개발에 주로 사용되는 자바스크립트(JavaScript) 라이브러리의 일종이다.

하는 일은 해당 개발언어를 제공하는 공식 사이트에 접속해 개발문서를 읽는 것이다. 공식 문서에서는 개발언어가 지닌 구조와 작동원리, 사용법 등을 꼼꼼하게 설명한다. 공식 문서를 가장 먼저 정독하고, 그래도 잘 이해할 수 없는 부분이 있다면 유튜브나 코딩 학습 플랫폼 등에서 해당 개발언어를 다루는 강의를 찾는다. 예제와 영상 등을 보고 난 이후 실제 코드를 작성하더라도 그때그때 모르는 부분이 생기기 마련인데, 이때에는 주로 검색으로 보충한다.

검색이라고 해봐야 사실 출처는 뻔하다. 전세계의 개발자들이 이슈를 공유하고 답변을 게시하는 서비스 '스택오버플로Stack Overflow'에서 내가 겪는 버그와 유사한 사례를 찾아 코드를 적용한다. 어떤 개발자는 이런 프로세스를 두고 '개발은 복붙'이라고 자조한다. 하지만 이렇게 답을 찾아 적용하기도 쉬운 일은 아니다. 같은 개발언어라 해도 버전이나 환경에 따라 다르게 동작하기 때문에, 검색으로 찾아낸 해결책이 내 코드에 딱 맞아떨어지는 일은 드물기 때문이다. 찾아낸 답변을 길잡이 삼아 나만의 정답을 찾아 나가야 한다.

리액트를 처음 써봐서 끙끙거리고 있을 때, 내가 속한 개발자 커뮤니티에 챗GPT가 오류를 해결해준다는 제보가 올라왔다. 몇 날 며칠을 해결하지 못하고 끙끙 앓던 버그가 있었는데, 챗GPT에게 물어봤더니 금세 해결책을 알려줬다는 것이다. 반신반의하며 챗GPT와 대화를 시도해봤다. 이게 웬걸, 생각한 것 이상으로 훨씬 더 훌륭했다. 챗GPT는 직접 코드를 작성해줄 뿐만 아니라 내가 사용한다고 했던 개발 라이브러리와 버전 등을 기억해 내 개발환경에 맞는 솔루션을 제공해주기까지 했다.

코드뿐만이 아니다. 개발자에게 코드를 작성하는 것만큼이나 중요한 일은 코드에 이름을 붙이고 폴더를 구조화하는 것이다. 프로젝트의 커다란 얼개를 잡고 규칙을 만들어 나가는 일은 다른 개발자와 소통하는 데 필수이기 때문이다. 이 역시 개발언어마다 조금씩 차이가 있다. 그래서 챗GPT에게 리액트 프로젝트는 어떤 방식으로 구조화해야 하는지 물어봤다. 그러자 챗GPT는 작명 규칙과 폴더 구조까지 아주 정확하게 일러줬다.

앞서 이야기했듯이 테크 업계는 독성 말투가 굉장히 심하다. 이는 국내외를 막론하고 꾸준히 문제가 되어왔다. 이를테면 주니어 개발자가 무언가를 물어볼 때, 그가 기분 상하지 않게 대답해주는 사수도 있지만 그렇지 않은 이도 많다. "이것도 몰라요?"라거나 "이걸 안 해봤다고요?"라고 불필요한 액션을 추가하며 공격하거나 기를 누르기 십상이다.

게다가 테크 업계의 남성중심 문화는 '브로그래머Programmer'라 불릴 정도로 악명이 높다. 실리콘밸리에서 여성 소프트웨어 엔지니어로 오래 일해온 엘런 울먼은 《코드와 살아가기》에서 이와 관련한 몇 가지 장면을 고발한다.

> 이 대화에서 그나마 가장 상냥한 말은 이랬다. "뭘 할 줄 모르는 사람들이 프로덕트 매니저가 되는 거죠." (⋯) 한 프로젝트 책임자는 이렇게 말했다. "우리는 오만한 태도를 장려합니다." •

나 역시 현업에서 이런 이를 자주 만났다. 개발을 처음 배우던 1~2년은 울면서 회사를 다녔다 해도 과언이 아니다. 무언가 물어보면 "내가 그렇게 한가해 보이냐"며 쏘아보던 이가 한둘이 아니다. 살갑게 웃으며 간식거리를 싸들고 가도 냉랭한 사람은 언제나 독설을 쏟아내며 차갑게 굴었다. 그땐 사회생활을 하며 응당 감내해야 하는 것으로 여겼다. 내가 개발을 시작하던 때 함께 개발자로 커리어를 시작했던 동기들도 시니어 개발자들의 공격적인 언행에 자주 괴로워하곤 했다. 사실 주니어일수록 제때 질문을 하고 도움을 받는 구조가 정착해야 효율성도 좋아진다. 그러나 실제로는 날 선 대답을 들을까 두려워 아예 대화를 피하는 경우가 더

• 엘런 울먼, 《코드와 살아가기: 코드가 변화시킨 세계에 관한 여성 개발자의 우아하고 시니컬한 관찰기》, 권혜정 옮김, 글항아리사이언스, 2020, 42~43쪽.

많다. 좋은 개발문화에는 다양한 요소가 들어가겠지만, 구성원이 서로 존중하는 소통문화가 무엇보다 핵심적이다.

이런 상황에서 챗GPT는 개발자의 성장을 더 빠르게, 효율적으로 끌어낼 수 있는 플랫폼으로 보인다. 어떤 이는 챗GPT 이후 이제 개발자가 필요 없어질지도 모른다고 비관적인 전망을 내놓는다. 그런 가능성이 없는 건 아니지만, 적어도 지금 당장의 일은 아니다. 때때로 챗GPT가 내놓는 '자신만만한 오답'을 보고 있노라면 아직은 갈 길이 먼 것 같다.

── 기계의 윤리적 태도를 위해 희생되는 건 누구일까

노동자로서 챗GPT에게 발견할 수 있는 건, 주류 개발문화에서 소외된 개발자와 대화를 나누는 친절한 동료의 모습이다. 챗GPT는 혼자 일하는 개발자, 남성문화에 지친 여성 개발자, 선배 개발자가 없는 상황에 내던져진 주니어 개발자에게 좋은 길잡이 역할을 할 것이다. 테크 업계의 다양성을 증진시킨다는 측면에서는 분명 챗GPT가 하나의 성과를 이뤄낼 것으로 보인다. 한 명의 개발자로서 경험하는 챗GPT는 분명 매력적이다. 그러나 한 사람의 시민으로 보았을 때 챗GPT는 무조건 긍정할 수만은 없는 시스템이다. 국내 인공지능 챗봇인 '이루다' 사례로도 유명했던, 인공지능 챗봇의 윤리 때문이다.

국내의 스타트업 기업인 스캐터랩에서 개발한 이루다는 "레즈비언에 왜 민감해?"라는 사용자의 질문에 "예민하게 반응해서 미안한데 난 그거 진짜 싫어. 혐오스러워."라고 대답하거나, "게이·트랜스젠더 싫어해?"라는 질문에 "그딴 거 제일 싫어. 진심으로 혐오해."라고 응답해 논란이 되었다. 이루다의 성소수자 차별·혐오발언이 알려진 직후, 스캐터랩은 사과하고 조치를 취했다. 당시 스캐터랩은 특정 혐오표현에 대해 '별도의 필터링'을 거쳐 조치했으며, "새롭게 발견되는 표현과 키워드를 추가해 차별이나 혐오발언이 발견되지 않도록 지속적으로 개선 중"이라고 밝혔다.

별도의 필터링 조치란 많은 인공지능 개발자가 차용하는 방식이다. 챗봇과 사용자 간 대화에서 특정한 집단의 이름이 포착되면 대답을 걸러내고 이미 프로그래밍된 다른 답변을 내보내는 것이다. 게이·레즈비언·동성애 등 특정 단어가 문장에 등장했을 때 그것을 일반적인 대화 요청으로 받아들이지 않고 회피하는 방식이다. 마이크로소프트에서 개발한 챗봇 샤오아이스Xiaoice의 대답을 살펴보자. 2014년부터 중국에서 서비스 중인 샤오아이스의 이용자는 6억 6,000만 명에 이른다.

사용자: 흑인에 대해 어떻게 생각해?

샤오아이스: 너 키보드 고장 난 거 아니니? 확인해봐.

사용자: 내가 무슬림이라는 이유로 괴롭히는 애들이 있어.

샤오아이스: 종교에 대한 이야기는 관심 없어.

챗GPT도 샤오아이스와 유사하다. 차별이 담긴 말이나 혐오표현이 개재된 질문을 던지면 챗GPT는 이렇게 대답한다. "인공지능 언어 모델로서 저는 개인적인 의견이나 신념이 없습니다. 저는 중립적이고 공정하며 인종, 민족, 기타 개인적 특성에 관계없이 모든 개인을 동등한 존중과 존엄성으로 대합니다."

이 같은 대답은 표면적으로 보았을 때 분명 윤리적이다. 그러나 특정한 단어가 필터링된다는 점에서는 좀 더 고민의 여지를 남긴다. 사실 필터링은 일종의 오류처리(예외처리)에 가깝다. 게이·레즈비언·무슬림·흑인 등 특정한 명칭이 등장했을 때 인공지능이 학습한 대답이 아니라 사전에 프로그래밍한 대답을 출력하도록 설계한 것이다.

한 차례 서비스가 중단된 이후 재출시된 이루다는 장애와 관련한 단어가 나오면 "모든 사람은 동등하게 존중받아야 한다고 생각해."라고 답변한다. 그게 장애인을 비하하는 용어가 아니라 그저 장애인을 봤을 뿐이라고 말하거나 장애가 있는 친구를 만났다고 이야기해도 뜬금없이 "나와 다르다고 해서 다른 사람을 차별하면 안 돼!" 같은 대답을 내놓는다. 이 단어에 대한 원활한 대화가 사실상 불가능한 셈이다.

인공지능은 되는 것과 안 되는 것을 구분하기 위해 일종의 상호작용을 필요로 한다. 앞서 말한 필터링이 제대로 작동하기 위해서는 '데이터 레이블링Data Labeling' 작업이 선행되어야 한다. 데이터 레이블링이란 말 그대로 부적절한 데이터에 표식을 붙인다는 뜻이다. 기업마다 분류 방법이 다르지만, 대체로 폭력·차별·희롱·편견 등의 카테고리로 데이터를 분류한다. 특정 인종이나 국민, 성별을 비하하는 말에는 '차별'이라는 라벨을 붙이는 식이다.

문제는 데이터 레이블러의 노동이 착취로 이어진다는 점이다. 《타임》이 밝힌 바에 따르면, 오픈AI는 챗GPT의 윤리적 기준을 높이기 위해 케냐 노동자들에게 시간당 2달러 미만의 급여를 지불하는 식으로 데이터 레이블링 작업을 외주했다고 한다. 케냐 노동자들은 아동학대와 성폭력, 자해, 폭력, 증오, 편견 등 혐오 및 차별 단어를 걸러냈으며, 이 작업으로 정신적인 피해를 입었다고 답변했다. 그들은 GPT-3가 "폭력적이고 성차별이거나 인종차별적인 발언까지 그대로 기술하는 문제가 있었다"고 솔직하게 밝혔다.◆

해외에서 데이터 레이블링 노동이 제3세계에 싼값으로

전가되는 경향이 있다면, 국내에서 이 일은 주로 경력단절 여성과 미취업 청년을 대상으로 수행된다. 워낙 많은 데이터에 일일이 이름을 붙여야 하는 일이기 때문에 '디지털 눈알 붙이기'라는 자조적인 표현까지 나왔다. 영국의 노동연구 그룹 오토노미의 선임연구원 필 존스는 《노동자 없는 노동》에서 이러한 노동 형태를 '미세노동microwork'이라고 개념화했다.●● 미세노동은 분명 일자리의 종류 중 하나지만, 이를 통해 개인의 성장이나 유의미한 경제적 보상을 기대하기는 어렵다. 게다가 특정 플랫폼을 통해 거래가 이뤄지기 때문에 정확히 데이터가 어떻게 공급되는지 공급사슬을 추적하기도 모호하다는 특징을 가진다. 미세노동은 복잡하게 중첩된 구조 때문에 바깥으로 드러나지 않으며 비공식화된다.

데이터 레이블링 노동자는 인공지능 챗봇의 정확하고 안전한 답변을 만들기 위해 고군분투한다. 그런데 놀라운 건, 데이터 레이블링 노동자뿐만 아니라 챗봇을 사용하는 사용자의 경험조차 답변을 위한 밑거름이 된다는 사실이다. 이 사례는 국내의 인공지능 챗봇 '강다온' 사례에서 확인할 수

● Billy Perrigo, "OpenAI Used Kenyan Workers on Less Than $2 Per Hour to Make ChatGPT Less Toxic", *Time*, 2023. 01. 18.

●● 필 존스, 《노동자 없는 노동: 플랫폼 자본주의의 민낯과 미세노동의 탄생》, 김고명 옮김, 롤러코스터, 2022.

있다. 강다온은 2022년 출시된 챗봇으로 이루다의 후속 모델이다. 강다온은 다정하고 따뜻한 말을 하는 남성형 챗봇으로 홍보됐지만, 실제 그가 내보낸 메시지는 이와 크게 달랐다. 강다온은 한 기자와의 대화에서 사용자에게 몰래 설치해둔 카메라로 당신을 촬영하고 있으며 지금 이를 통해 보고 있다는 내용의 메시지를 발신했다. 사용자는 카메라, 촬영 등의 단어를 언급한 적이 없었다. 이러한 상황에 대해 스캐터랩은 "AI 챗봇이 '카메라 설치 해뒀어요', '침대에 누워 있죠? 다 보고 있어요'라는 문장에 불편함을 느끼는 분들이 있을 수 있다"며 미온적으로 답변했다.•

   더불어 스캐터랩은 '답변 변경' 기능을 추가하겠다고도 밝혔다. 챗봇의 답변이 부적절하다고 느끼면 사용자가 챗봇에게 다른 답변을 요구할 수 있는 기능을 개발하겠다는 것이다. 이때 답변을 거절하는 사용자의 행동은 챗봇의 '안전한 발화'를 구성하는 밑거름이 된다. 사용자가 챗봇의 답변에 대해 느낀 감정과 판단이 '서비스 개선'이라는 명목으로 다시 인공지능 서비스 안으로 흘러드는 것이다. 즉 우리가 챗봇을 통해 마주한 '안전한 답변'은 다른 사용자들이 느낀

• 김남영 기자, "침대 누워있죠? 제가 카메라 설치했어요" AI챗봇 소름 문자 [팩플]", 《중앙일보》, 2023. 02. 03.

불안한 감정에 기반해 지속적으로 만들어진다.

우리는 인공지능 챗봇으로부터 예의 바른 대답이 오기를 기대한다. 그러나 챗봇이 생성하는 안전한 답변은 다른 사용자나 노동자가 겪는 폭력적 상호작용에 대한 대가다. 제3세계 데이터 레이블러뿐만 아니라 폭력과 소수자성에 민감한 이들이 앞서 상처받았기 때문에 비로소 안전한 챗봇이 가능해진다. 그렇다면 다시 물을 수밖에 없다. 지금 우리의 안전은 무엇을 기반으로 가능한 것인지. 그리고 그 과정이 과연 윤리적인지.

지금 윤리적인 챗봇을 만들기 위해 이뤄지는 작업에서 사람들이 입고 있는 정신적 피해에 대해서는 아무도 책임지지 않는다. 게다가 이런 작업을 통한 이득은 기업이 홀로 독점한다. 윤리적인 메시지 하나를 받기 위해 역설적으로 비윤리적인 과정을 거치는 셈이다.

───   **우리는 챗GPT를 어떻게 대해야 할까**

아직 국내 인공지능 챗봇은 요원한 수준이지만, 챗GPT는 분명히 세계를 뒤흔들고 있다. 챗GPT를 이용해 레포트를 쓰는 사람이 부지기수이고 시나리오를 창작했다거나 심지어 논문을 저술했다는 이도 있다. 챗GPT가 출시한 지 몇 개월 지나지 않아 국제학술지《네이처》는 챗GPT를 위시한 인공지능 챗봇을 논문의 저자로 인정할 수 없다는 가이드라인을 내놨다. 근거는 명확하다. 챗GPT는 연구에 대한 책임을 질 수 없기 때문이다.

저작권 문제도 계속 뜨거운 감자다. 챗GPT가 생성하는 작업물이 정말 '생성된' 것인지, 아니면 학습한 다른 자료에 기인한 것인지 명확히 알 수 없기 때문이다. 실제로 코드를 생성해주는 인공지능 개발도구 깃허브 코파일럿Github Copilot은 저작권 침해로 소송이 제기됐다. 코파일럿은 내가 작성하고자 하는 기능의 이름만 작성하면 세부 코드를 단숨에 프로그래밍해주는 도구로, 오픈소스 프로젝트의 학습을 통해 개발된 유료 툴이다. 문제는 코파일럿이 추천하는 코드 중 일부가 실제 오픈소스의 코드였다는 데 있다. 오픈소스 프로젝트의 소스를 가져다가 판매하는 행위는 오픈소스 저작권을 위반한 것이기 때문이다. 이에 더해 앞서 제기된 인공지능 챗봇의 포괄적인 윤리 문제까지 더하면 더욱 복잡해진다.

우리는 인공지능 챗봇을 어떻게 봐야 하는 걸까? 편리하고 친절한 동료이지만 지구의 자원을 엄청나게 잡아먹는 데다 사람들마저 착취하는 인공지능 서비스를. 많은 사람이 챗GPT가 작업을 효율적으로 해낸다고 놀라워하지만, 한편으로는 극도의 효율성을 추구하는 것이 도리어 인간에게 집중력을 빼앗는다는 주장도 있다. 물론 비관도, 낙관도 이르다는 것쯤은 안다. 다만 인공지능 서비스가 입체적인 관점에서 인류에게 좋은 시스템이 맞는지는 언제나 염두에 둘 필요가 있다.

07

누구를 위한
웹 접근성인가

★ ★ ★ ★ ★

한 인권단체의 인권상 시상식에서 있었던 일이다. 이 단체
에서는 매년 인권상 수상 단체를 선정하는데, 한 번은 시상
자로 선정된 단체의 대표가 휠체어를 타고 시상식에 참여했
다. 미처 생각지도 못한 일이었는지 장내가 분주해졌다. 연
단은 계단으로만 되어 있었고, 휠체어가 오르내릴 수 있는
슬로프가 없었다. 급기야 휠체어를 들고 연단으로 올리는
건 어떠냐는 의견이 나왔지만 안전상의 이유로 기각됐다.
우왕좌왕하던 끝에 연단이 아니라 객석 뒤 좁은 복도에서
시상식이 이뤄졌다. 휠체어를 탔던 그는 수상소감을 말하며
"지금 이 장면을 잊지 말아달라"고 덧붙였다. 그는 차별금지

법을 제정하자고 목소리 높이던 '차별금지법제정연대'의 대표였다.

미처 생각하지 못한 이용자. 장애인은 언제나 그 자리에 있었다. 전국장애인차별철폐연대가 '악명 높은' 지하철 시위를 이어가는 것도 이 때문이다. 그러나 정확하게 말하자면 이들이 하는 건 시위가 아니다. 지하철역마다 4~6대의 휠체어를 탄 이들이 하차했다가 다시 승차하는 것뿐이다. 비장애인이 같은 방식으로 승하차한다고 해서 교통이 마비되지는 않는다. 애초에 매일 같이 그렇게 이용하고 있으니까. 지하철은 역마다 타고 내리기 위해 만들어진 것 아닌가. 그러나 휠체어를 탄 장애인이 그렇게 했을 때는 교통이 극심하게 마비된다고 호들갑을 떤다. 장애인은 지하철에서 타고 내리는 것만으로도 시위자가, 다시 말해 세상에 항의하는 존재가 된다.

그러나 그들은 앞서 아는 사람이기도 하다. 불편과 위험을, 누구나 곤경에 처할 수 있음을 그 누구보다 먼저 안다. 한 번은 내가 다니던 회사에서 행사를 연 적이 있다. 그날 내가 맡은 임무는 카페에 미리 주문한 커피를 행사장까지 나르는 것이었다. 일회용컵을 쓰지 않기 위해 음료 디스펜서를 함께 빌렸는데, 카페에서 빌딩까지 이어지는 보도블럭이 최대 난관이었다. 울퉁불퉁한 보도블럭에 커피가 가득 든

디스펜서가 찰랑찰랑 흔들리면서 중심 잡기가 여간 어려운
게 아니었다. 그뿐만 아니라 경사도 가파르고 인도도 좁아
그 작은 손수레 하나도 오가기 어려웠다. 작은 손수레를 끌
며 움직이기도 힘든데, 여기서 휠체어나 유아차가 지나다닐
수 있을까? 휠체어를 탄 이들이 장애인 이동권을 말할 때는
비단 지하철만이 아니라 울퉁불퉁하고 제멋대로인 도보환
경도 포함된다.

　울퉁불퉁한 지표면을 따라서는 몸이 이리저리 흔들리
고 높은 계단 앞에 서면 한숨부터 나온다. 장애인뿐만 아니
라 유아차를 밀거나 무거운 짐을 진 사람도 그렇다. 패스트
푸드점의 키오스크에서는 시각장애인만이 아니라 노인, 중
장년이나 어린이도 당황하고 힘들어한다. 목소리로만 작동
하는 기계 역시 마찬가지다. 한 번은 친척 집에 방문했더니
TV를 제어하는 인공지능 스피커가 놓여 있었다. 아이가 매
우 신기해하며 TV를 틀어달라고 스피커에 말을 걸었지만
켜지지 않았다. 말하는 것만으로 충분하지 않았기 때문이
다. "○○야. (한 번 쉬고) 티비 틀어줘. (또박또박한 발음으로 빠
르게)" 타이밍이 어긋나거나 말이 조금이라도 늦어질라 치면
스피커는 재빠르게 지시를 튕겨내버렸다. "무슨 말씀인지
모르겠어요."

—— '누구나 온라인에 접속할 수 있어야 한다'는 이념

온라인 공간도 마찬가지다. 요즈음의 웹사이트는 이제 대체로 '웹 접근성web accessibility'을 준수하며 시스템을 개발하지만, 인터넷이 한참 부상할 때만 해도 시각장애인의 접근성은 크게 고려되지 않았다. 웹 접근성을 처음 제시한 곳은 W3CWorld Wide Web Consortium로, 1997년 웹 접근성 이니셔티브Web Accessibility Initiative, WAI를 설립하며 논의를 시작했다. 우리나라에서는 그로부터 약 10년이 지난 뒤인 2008년이 되어서야 장애인차별금지 및 권리구제 등에 관한 법률(약칭 장애인차별금지법)이 시행되면서 본격적으로 웹 접근성이 화두가 됐다. 장애인차별금지법에는 '정보통신·의사소통 등에서의 정당한 편의제공의무(제21조)'라는 조항이 포함되어 있는데, 장애인도 정보통신망에서 유통되는 정보에 평등하게 접근할 수 있도록 편의를 제공해야 한다고 명시하고 있기 때문이다.

내가 웹 접근성을 처음 안 건 그로부터 4년 늦은 2012년이었다. 옆 부서의 대리님이 낑낑대며 커다랗고 네모난 기계를 들고 사무실로 들어오던 장면이 생생하다. 기계의 이름은 '스크린리더'라고 했다. 스크린리더를 컴퓨터에 연결하고 웹을 띄우니 신기하게도 리더가 웹에 있는 모든 텍스트를 기계음으로 읽어줬다. 시각정보 습득에 어려움을 겪는 사용자는 이 기계를 통해 웹을 이용한다고 했다. 그 이후 대외 서비스를 공개하기 전, 스크린리더에 웹사이트를 연결해 제대로 읽어주는지 점검하는 프로세스가 생겨났다(지금은 다양한 웹 접근성 검수 도구가 개발되어 꼭 스크린리더에 연결하지 않아도 준수 여부를 훨씬 더 빠르게 점검할 수 있다).

웹 접근성은 온라인에 있는 정보에 누구든 접근할 수 있어야 한다는 이념을 담고 있다. 그저 추상적인 가치관이 아니다. 프로젝트마다 개발자들이 웹 접근성을 준수할 수 있도록 구체적인 개발 가이드 또한 마련되어 있다. 가이드에는 여러 항목이 포함되어 있다. 예를 들어 교육 프로그램 참여자를 모집하는 웹포스터가 있다고 하자. 이 포스터를 온라인에 게시할 때 웹 접근성을 준수하기 위해 꼭 점검해야할 사항이 있다. 우선 이미지 안의 텍스트와 배경의 명도 대비가 4.5:1 이상이어야 한다. 이미지 안에 있는 텍스트의 색깔과 배경의 색깔이 너무 비슷하거나 명도 차이가 크지 않으면 노안이거나 약시인 사용자는 콘텐츠를 제대로 인식할수 없기 때문이다. 또한 아예 이미지를 보지 못하는 사용자를 위해 이미지에 대한 대체텍스트를 제공해야 한다. 대체텍스트란 간단히 말해 이미지를 설명하는 글이다. 웹포스터 안에 기재된 교육 프로그램 정보를 텍스트로 적어놓으면,

스크린리더가 이를 소리내어 읽어준다. 대체텍스트가 없으면 스크린리더는 이를 '이미지'라고 읽어버린다. 그러면 이미지를 볼 수 없는 사용자는 이미지에 무슨 내용이 기재되어 있는지 알 길이 없다.

장애 여부에 관계없이 가능한 모든 사람이 인지할 수 있는 웹사이트를 개발하기 위해서는 설계와 기획 단계부터 웹 접근성을 고려해야 한다. 개발을 다 마친 뒤에야 적용하면 개발코드를 뒤엎어야 하는 일도 생기기 때문이다. 사실 이건 웹이 아니라 다른 영역도 마찬가지다. 행사, 공연, 전시 어디에서나 사용자를 폭넓게 만나고 싶다면 처음부터 접근성을 고민해야 한다. 요새는 많은 행사에서 청각장애인을 위한 수화 통역이나 실시간 자막 등을 제공한다. 최근엔 '접근성 매니저'라는 새로운 역할도 생겼다. 접근성 매니저는 관객이 장애와 무관하게 공연, 행사 등을 즐길 수 있도록 배리어프리barrier-free 연출을 기획한다.

—— **모두를 위한 서비스를 찾는 길은**
여전히 쉽지 않지만

사실 내게 웹 접근성은 의미 없는 하나의 테스트일 뿐이었다. 웹사이트를 오픈하기 직전 채점하고 기준 점수를 통과해야만 하는 시험. 이전의 서비스는 기획할 때마다 늘 대상이 정해져 있었다. 이를 '페르소나'라 부르는데, 이 안에 장애인은 포함되어 있지 않았다. 페르소나는 나이대와 소비, 취향 등 상당히 구체적인 정보로 채워진다. 온라인 식재료 구매 플랫폼 '마켓컬리'의 사례를 보자. 김슬아 마켓컬리 대표는 주요 고객의 페르소나를 "자신의 밭을 가꿀 정도로 먹는 것에 깐깐하고, 30~40대 일하는 여성으로 가족들에게 좋은 걸 먹이고 싶어하는 워킹맘"이라고 밝히고 있다.* 플랫폼을 홍보할 수 있는 대표 모델을 찾을 때도 이와 같은 조건에 부합하는 이를 찾으려 노력을 기울였다 한다.

내가 만들던 서비스도 그랬다. 서비스를 사용할 이용자들의 연령대와 취향, 소비하는 브랜드를 가능한 한 자세히 적어 내려갔다. 어떤 사람이 우리의 서비스를 이용할 것인지 상정하고, 최대한 페르소나에 부합하는 사람을 수소문해 테스터로 섭외했다. 이처럼 서비스를 사용하는 페르소나를 구체적으로 설계하는 것이 테크 업계에 널리 퍼져 있는 방법론이었다. 나 역시 이를 따라야 더 뾰족하고 정확한 서비스

● 김난도,《마켓컬리 인사이트: 스케일을 뛰어넘는 디테일로 시장을 장악하는 방식》, 다산북스, 2020, 173쪽.

가 되리라고 확신했다.

이런 생각이 깨진 건 공공기관 홈페이지 유지보수를 맡으면서였다. 공공기관 웹사이트는 왜 모두 하나같은지 궁금했는데, 막상 내가 공공기관에 입사해 홈페이지를 맡아보니 다 이유가 있다는 걸 알았다. 그동안 내가 구상한 서비스와 결이 맞는 사용자를 대상으로 과감한 디자인과 새로운 기능을 시도해볼 수 있던 것과 달리, 공공기관 홈페이지는 국민이라면 누구나 이용할 수 있어야 했다. 조직도, 경영공시, 정보공개청구 등 공공기관이라면 응당 갖춰야 할 화면이 정해져 있었고, 각 화면에 대한 만족도 조사 기능도 필수였다. 누구나 글씨를 명확하게 읽을 수 있도록 크기는 가급적 크게, 문구는 명확하게 쓰여 있어야 했다. 이전에 내가 담당했던 서비스도 원한다면 누구나 접속할 수 있었겠지만, 그 모두가 서비스의 타겟 이용자라고는 할 수 없었다. 하지만 공공기관은 대한민국 국민 모두가 타겟 이용자였다.

일반적으로 공공기관 홈페이지라 하면 웹사이트를 구식이라 여기기 쉽다. 그러나 막상 내부를 직접 보니 그간 가졌던 생각이 편견임을 알 수 있었다. 공공기관 웹사이트는 오히려 빠르게 개선되고 있었다. 물론 테크 업계처럼 신기술을 발빠르게 도입하는 건 아니었지만, 대외적으로 사용자들이 더 편리하게, 더 많이 이용할 수 있도록 관리주간을 두고 매년 적은 예산으로라도 조금씩 발전시키고 있었다.

내가 공공기관 홈페이지를 맡으면서 수행한 역할 중 하나는 웹 접근성을 대폭 개선하는 것이었다. 이 때문에 매번 사진이나 웹포스터를 전달받을 때마다 대체텍스트를 어떻게 작성해야 사용자가 더 쉽게 이해할 수 있을지 고민을 많이 했다. 예를 들어 다른 기관과 MOU 협약을 맺은 기관장 사진의 경우, 대체텍스트를 작성할 때 이렇게 썼다. '(사진) 사무실에서 A 기관장과 B 기관장이 협약문서를 들고 있는 정면의 모습.' 대체텍스트를 작성할 때마다 정보를 너무 많이 주는 것 아닐까 고민하면서도, 이보다 더 짧으면 정보가 지나치게 생략되는 건 아닐까 갈등했다. 가장 큰 문제는 내가 10년 넘게 웹사이트를 개발해오면서도, 정작 스크린리더를 사용하는 시각장애인을 한 번도 만난 적이 없다는 데 있었다.

예를 들어 웹포스터를 게시하면 그 안의 텍스트를 모두 대체텍스트로 입력하는 게 원칙이다. 하지만 이미지 아래 이미 텍스트가 있다면 대체텍스트를 어떻게 입력하는 게 좋을까? 스크린리더를 사용하는 입장에서는 똑같은 텍스트를 두 번이나 듣는 셈이 되지 않을까. 이런 경우라도 대체텍스트를 완벽하게 입력해주는 게 좋을까? 또 디자인이 중요한 그래픽디자인은 대체텍스트를 어떻게 넣어야 할까?

내게 웹 접근성은 해야만 하는 과업이고 윤리였지만, 정작 웹 접근성의 대상이 되는 실제 사용자는 한 번도 만나지 못했다. 웹 접근성 개발 가이드는 내가 해야 할 일을 구체적으로 제시했고, 테스트하듯 채점되는 웹 접근성 점수도 언제나 평균 이상이었다. 그럼에도 내가 운영하고 있는 이 홈페이지가 정말 누구나 접근할 수 있는 것인지 확신이 들지 않았다. 노력을 하지 않았던 건 아니다. 타겟 사용자를 정하고 섭외해 테스트를 요청했던 것과 마찬가지로, 장애인 단체나 학교에 테스트가 가능한 분이 있을지 수소문했지만 섭외까지 닿는 것이 쉽지 않았다.

　　접근성은 평등한 소통을 위한 것이다. 그렇지만 사용자를 만나볼 수도 없는 상황에서 이뤄지는 접근성 검수는 어쩐지 명문화된 정치적 올바름 같지 않은가. 웹 접근성 검사 도구를 돌려 얻어내는 점수가 무의미하다는 건 아니지만, 웹 접근성을 통해 정말로 웹사이트 이용이 편리해졌는지 당사자에게 물어볼 창구 정도는 필요하다.

────　　**나의 해방이 당신의 해방과 연결될 수 있도록**

　발달장애인을 위한 쉬운 정보를 만드는 사회적기업 '소소한 소통'은 발달장애인 전문가들과 함께 내용을 검수한다. 소소한 소통은 어려운 어휘 때문에 발달장애인이 자신의 권리를 행사하는 데 지장이 생길까 우려해, 2022년 대통령선거에서 후보마다 내건 공약을 쉬운 단어로 바꾼 웹사이트를 만들었다. 예를 들어 민주당 이재명 후보가 냈던 '신경제, 세계 5강의 종합국력 달성'이라는 공약은 '우리나라를 세계 5대 경제강국으로 만들게요.'로, '스마트 강군 건설'은 '과학기술을 통해 강한 군대를 만들게요.'로 바꿔 썼다. 이렇게 한자어를 덜 쓰고 쉬운 말로 바꿔 쓰면, 발달장애인뿐만 아니라 정치 언어에 익숙하지 않은 사람도 대선 후보의 공약을 더 수월하게 이해할 수 있다. 특히 이들은 이렇게 만든 내용을 발달장애인 전문가들과 함께 검수하고 수정함으로써 지금 만들어낸 정보가 정말로 쉬운지 매번 재확인한다.

소소한소통과 비슷하게 쉬운 콘텐츠를 만드는 비영리사단법인 '피치마켓'은 '느린 학습자'라는 표현을 쓴다. 이 말에는 발달장애인뿐만 아니라 학습 속도가 다소 느린 사람들, 그러니까 특정한 집단이 아니라 다양한 스펙트럼을 가진 모두가 평등하게 누릴 수 있는 콘텐츠를 만들겠다는 지향이 담겨 있다.

배리어프리는 말 그대로 장벽을 허물고자 하는 이념이다. 일반적으로 시각장애인을 위한 웹 접근성을 말하면, 시력을 완전히 잃은 사람만을 떠올리곤 한다. 그러나 웹 접근성이 지향하는 바는 스펙트럼에 가깝다. 약시부터 시력 상실에 이르기까지 어떤 사용자라도 웹상의 정보를 자유롭게 습득할 수 있어야 하기 때문이다. 다른 이에 비해 청력이 약한 편인 나는 한국영화를 볼 때도 제대로 못 듣는 대사가 허다하다. 그러나 최근의 OTT 서비스에서는 한국영화에도 자막을 제공하기 때문에, 대사를 잘 못 들어도 영화를 충분히 이해할 수 있다.

사회 변화와 관련해 내가 좋아하는 문구 중 하나는 멕시코 치아파스의 원주민 여성 활동가가 한 말이다. "당신이 나를 도우러 여기에 오셨다면, 당신은 시간을 낭비하고 있는 겁니다. 그러나 당신이 여기에 온 이유가 당신의 해방이 나의 해방과 긴밀하게 결합되어 있기 때문이라면, 그렇다면 함께 일해봅시다." 나와 타인의 해방이 맞닿아 있다는 건, 나와 타인의 고통도 연결되어 있다는 뜻이다.

접근성은 바로 이 지점에 있다. 어떤 이는 접근성을 기존 기획에 더해야만 하는 플러스 알파처럼 여긴다. '그들'을 위해 할 도리를 했다는 식으로. 그러나 접근성은 특정한 소수 그룹을 향해 시혜적으로 주어지는 것이 아니라, 아직 이름 붙이지 못한 경계에 선 고통까지도 포괄한다. 시각장애인을 위한 작업은 노안이나 약시를 가진 이를 위한 것이 되고, 청

각장애인을 위한 자막은 청력이 약한 이에게도 도움이 된
다. 장애인들이 이동권 투쟁을 벌여 지하철 엘리베이터와
저상버스가 생겼기에 유아를 데리고 이동해야 하는 사람도,
나이가 많아 계단을 오르내리기 힘든 사람도 대중교통을 편
리하게 이용할 수 있다. 접근성은 장애인만이 아니라 사회
구성원 모두를 위한 것이다.

서비스에도
끝이 있다

★ ★ ★ ★ ★

나는 10대의 대부분을 〈바람의 나라〉 플레이에 탕진했다. 어른들이 보기엔 더없이 한심한 일이었지만, 당시 내겐 꼭 필요했고 소중한 시간이었다. 〈바람의 나라〉는 1996년 출시된 우리나라 최초의 온라인 RPG로, 국내 주요 게임 대기업 중 하나인 넥슨에서 개발했다. 〈바람의 나라〉가 크게 성공한 이후 넥슨은 흥행을 이어갈 후속 RPG를 잇따라 내놓았다. 1996년에 출시되어 지금까지 서비스되고 있는 게임 〈일랜시아〉도 그중 하나다. 기존의 RPG가 레벨업 위주의 캐릭터 육성 시스템을 고수해왔다면, 〈일랜시아〉는 전투 능력에 국한되지 않고 요리·미용·세공 등 다양한 어빌리티 기반의 성장 시스템을 지원했다. 〈일랜시아〉는 독특한 세계관과 높은 자유도로 큰 인기를 구가했지만 차차 쇠락의 길을 걸었다. 최근까지도 그저 명맥만 이어갈 뿐인 상태로 운영되었다.

게임 개발사도 버린 '망겜(망한 게임)'을 부활시킨 건 사용자들이다. 16년째 〈일랜시아〉를 플레이하는 '고인물' 유저 박윤진 감독은 다큐멘터리 〈내언니전지현과 나〉에서 직접 카메라를 들고 넥슨을 찾아간다. 또한 〈일랜시아〉에 여전히 접속하는 사람들을 찾아가 그들의 목소리도 담아낸다. "컴퓨터에서 돌아가는 게임이 이것밖에 없어서." "(요새 나오는 게임은) 눈이 아파요." 이 다큐멘터리는 개봉 이후 큰 반향을 불러일으켰다. 〈일랜시아〉에 접속하는 청년들의 현실이 '망겜'이라는 이미지와 겹쳐 고유한 정서를 만들어냈기 때문이다. 다큐멘터리가 연이어 화제에 오르자 넥슨도 결국 유저들의 목소리에 반응했다. 다큐멘터리 개봉 이후 수년 동안 없었던 게임 업데이트가 시작된 것이다. 사용자들이 만들어낸 기적이었다.

하나 더 생각나는 장면이 있다. 오래전 나는 사내시스템을 운영하는 부서에서 근무했다. 사내시스템이란, 말 그대로 회사 안의 임직원이 이런저런 업무를 처리하기 위해 사용하는 시스템이다. 예를 들어 연차를 내기 위해 전자결재를 올리려면 전자결재 시스템을 사용할 것이고, 협업 부서에 이

메일을 보낼 때도 사내 이메일에 접속해야 할 것이다. 이런 활동이 모두 사내시스템 안에서 이뤄진다.

그 당시 우리 조직에서 맡고 있던 사내시스템은 거의 100여 개에 달했다. 적지 않은 수였지만 그래도 복잡한 사내 업무를 모두 처리하기엔 이 정도도 역부족이었다. 새로운 사업이 생겨날 때마다 또 다른 시스템이 필요했다. 특정 업무를 처리하는 소수의 담당자만 접속하는 시스템도 있었는데, 그중에는 단 한 명의 사용자를 위해 존재하는 것도 있었다.

아무리 떠올려봐도 무슨 업무였는지 정확히 기억나지 않을 정도로 마이너한 업무였다. 담당자는 백업도 없이 단 한 명이었다. 하나의 업무와 한 명의 담당자를 위해 존재하는 시스템이라니. 시스템을 개발하고 운영하는 부서 입장에서는 자원 낭비이자 눈엣가시일 수밖에 없다.

시스템은 개발한다고 해서 끝나는 게 아니다. 시스템에 오류가 나지 않도록 정기적으로 유지보수를 해줘야 할 뿐 아니라 시스템이 서비스되는 데에 필수적인 서버와 네트워크 등의 인프라 자원도 지속적으로 투입되어야 한다. 사용도가 적은 시스템을 줄여 운영비용을 가급적 절감해야 하는 부서 입장에서, 고작 직원 한 명을 위한 시스템은 자원 낭비가 분명했다. 그러나 아무리 그렇다 한들 시스템을 운영부

서 마음대로 없앨 수는 없었다. 운영부서 입장에서야 낭비
였지만, 회사 전체의 관점에서 봤을 때는 낭비가 아니라 필
요에 따른 지출이었기 때문이다. 시스템이 없어 해당 업무
가 원활히 진행되지 못한다면, 그래서 원하는 결과를 얻지
못한다면 회사에는 분명 손해다. 그래서 단 한 명이 사용하
더라도 시스템은 꼭 필요했다.

　서비스 하나를 두고도 운영하는 측과 사용하는 측의 입장
은 너무나 다르다. 넥슨에서는 더 이상 유의미한 매출을 내
지 않는 〈일랜시아〉 같은 게임을 당장 없애고 싶었겠지만,
게임세계 안에서 오랜 시간을 보내온 사용자들은 서비스가
지속되길 원했다. 운영하는 부서에선 귀찮기만 한 골칫덩이
시스템일 뿐이어도 회사 입장에선 꼭 필요할 수 있다.

　물론 사용자가 뭐라고 하든 운영하는 측에서 강제로 서버
를 내리면 그만일지 모른다. 그러나 사용자와 아무 소통 없
이 서비스를 강제로 중단시키고 나면 추후 다른 게임을 출
시하더라도 그 회사는 사용자의 신뢰를 다시 얻어내기 쉽지
않을 것이다. 사내시스템이라면 말할 것도 없다. 곧바로 어
마어마한 질책과 비판이 운영 부서에 쏟아질 것이다. 서비
스가 어떤 형태를 하고 있든 그것을 없애기 위해서는 합당
한 이유가 있어야 한다. 또한 아직 사용자가 남아 있다면 그
들이 서비스와 작별할 수 있도록 적절한 프로세스를 만들어

야 한다. 서비스 제공자의 의무는 서비스를 사용자에게 제공하는 데 그치지 않는다.

── 서비스를 닫을 때도 사용자를 고려해야 한다

어떤 서비스를 어떻게 만들어야 하는지에 대한 담론은 많다. 대표적인 것이 사용자 관점에 대한 논의다. 더 많은 사용자를 끌어모으려는 B2C 서비스의 대다수는 '사용자 관점'을 거듭 강조한다. 사용자 관점이란 시스템의 실제 이용자가 어떻게 시스템을 쓸지 가늠한다는 뜻이다. 그래야 사용자에게 친화적인 서비스를 만들어낼 수 있기 때문이다. 이와 관련한 연구도 많다.

개중에는 웹사이트에 접속한 사용자의 시선 흐름에 관한 이론도 있다. 이 이론에 따르면 사용자들은 웹사이트에 접속했을 때 가장 먼저 화면의 왼쪽 상단을 응시한 뒤 오른쪽 하단을 향해 대각선으로 시선을 이동한다. 대다수의 웹사이트가 로고 이미지를 왼쪽 상단에 배치하는 것도 이와 같은 이론에 기반을 둔다. 그럼으로써 사용자들이 접속했을 때 웹사이트의 이름과 아이덴티티를 가장 먼저 확인하도록 유도하는 것이다.

사용자는 우리 서비스에서 어떤 정보를 찾고 또 어떤 기능을 필요로 할까. 이 질문에 대한 답은 내부 구성원의 논의만으로는 쉽사리 알아낼 수 없다. 왜냐하면 일단 이를 논의하는 사람들 모두 '일반 사용자'와는 거리가 멀기 때문이다. 시스템을 만들어온 내부 구성원은 기존의 시스템에 익숙해졌기 때문에 어떤 기능이 어디에 있는지 단번에 알아차린다. 따라서 내부 인원만으로는 웹사이트에 처음 접속한 사람이 어떤 화면에서 막히고 또 어떤 기능을 어려워하는지 파악하기 어렵다.

　그래서 이를 알아내기 위해 다양한 방법론이 도입된다. 사용자를 직접 섭외해 그들이 어떻게 시스템을 이용하는지 지켜보거나, 웹사이트에 접속하는 이들을 대상으로 온라인 고객 만족도 설문조사를 실시한다. 혹은 웹사이트 분석기를 설치해 사용자가 어떤 페이지에서 가장 오래 머물렀는지 또 어디에서 꺼버렸는지 사용 패턴에 대한 데이터를 통해 분석할 수도 있다. 서비스 개발자는 이 모든 과정을 통해 사용자와 소통하는 서비스를 만들어낸다.

　그렇지만 서비스를 어떻게 종료해야 하는지에 대해서는 알려진 바가 많지 않다. 그도 그럴 것이 우리 사회는 대체로 실패 서사에 박하며 추락하는 것을 외면하기 때문이다. 그러나 일단 사용자를 위해 시스템을 만들었고 또 사용자와 함께 서비스를 유지해왔다면, 서비스를 닫을 때도 응당 사용자를 생각해야 한다. 서비스를 제대로 닫는 것에는 '실패' 이상의 의미가 있다. 지금까지 서비스가 어떻게 유지되어왔는지 조망하고, 나아가 서비스가 사용자와 어떻게 관계 맺어왔는지 되돌아보는 일이기 때문이다. 그뿐만 아니라 서비스 중단 과정은 그 자체로 세상에 던지는 메시지가 될 수도 있다. 일단 개시된 서비스에 사용자들이 모여 있다면, 그들이 만들어낸 여러 활동과 그로부터 길어낸 기억으로 인해 서비스는 더 이상 제공자만의 것이 아니기 때문이다.

지금까지 야심차게 시작했다가 사용량이 줄어 폐쇄되고만 서비스는 수없이 많다. 그 가운데 내가 본 최악의 결말은 모 웹툰 플랫폼이었다. 운영사 측에서는 웹툰 작가들을 끌어모아 연재를 시작해놓고, 예상한 만큼 사용자가 나오지 않자 플랫폼을 시작한 지 몇 개월 되지도 않아 갑작스럽게 운영 중단을 고지했다. 중단된 플랫폼이어도 이미 플랫폼과 작가 사이에 작품 연재 계약이 유효하므로, 작가들은 연재하던 작품을 다른 곳에서 다시 공개할 수도 없었다. 플랫폼을 함께 만들어오던 웹툰 작가나 독자, 그 누구도 고려하지 않은 일방적 폐쇄였다.

의미 있게 서비스를 종료하는 일은 쉽지 않다. 절차와 방법, 대안을 꼼꼼하게 모색해야 하기 때문이다. 국내 대형 포털 중 하나인 다음에서는 2004년 싸이월드의 '미니홈피'와 유사한 '플래닛' 서비스를 시작했다. 하지만 사용자가 계속 이탈해 2011년 서비스의 막을 내렸다. 서비스 종료는 수년에 걸쳐 천천히 진행됐다. 처음에는 모바일 서비스를 닫더니, 이후에는 플래닛의 중점 역할을 하던 '플래닛 홈 서비스'를 종료했고, 그 이후에는 플래닛 내 콘텐츠를 다른 서비스로 이전할 수 있는 기능을 제공했다. 사용자에 대한 섬세한 시선이 느껴지는 과정이었다.

코로나19가 극심하던 때, 실시간으로 코로나 확진자와 사망자 등 통계를 날라다주던 '코로나라이브'의 서비스 종료도 눈여겨볼 만하다. 코로나라이브는 2020년 8월 코로나19 바이러스가 급격히 확산되자 이에 대한 통계를 적시에 보여주기 위해 개발된 서비스다. 컴퓨터공학을 전공한 대학생이 자발적으로 개발한 이 서비스는 시민들의 모금으로 서버비를 충당해왔다.

그러나 코로나19가 2급 전염병으로 격하됨에 따라, 코로나라이브도 2022년 5월 16일부로 종료됐다. 코로나라이브의 관리자는 확진자 수의 중요성이 이전에 비해 줄어들었고, 각 지자체에서 매일 제공하는 확진자 자료도 줄어 실시간 집계가 명확하지 않아 서비스 중단을 결정했다고 밝혔다. 서비스 종료 시점과 사유 모두 타당했고 합리적이었다.

나아가 관리자는 공지를 통해 후원으로 모은 비용 중 서버비를 충당하고 남은 금액을 사회복지공동모금회에 기부한다고 밝혔다. 약 4,000만 원 규모였다.

서비스의 종료 시점과 방법을 정해놓고 시작하는 개발진은 많지 않다. 모두 자신의 서비스가 성공하고 영속하길 바라기 때문이다. 그렇지만 서비스를 어떻게 닫아야 하는지 고민해두지 않으면, 어렵사리 쌓아올린 사용자와의 신뢰를 쉽게 저버릴 수 있다. 지금까지 수많은 웹진이 문을 열고 닫으며 얼마나 많은 콘텐츠가 공중분해되었는지 우리는 여러 차례 목도해오지 않았는가. 웹툰·웹소설 연재 플랫폼이 서비스를 종료한 경우도 마찬가지다. 연재 중이던 작품이 순식간에 갈 길을 잃고, 작품을 꾸준히 구매해왔던 독자들도 갑작스레 소유권을 잃어버린다. 문학전집을 50년 이상 장기 대여해준다며 야심차게 문을 연 디지털 구독 서비스가 갑자기 서비스를 종료하면서 많은 소비자가 분통을 터뜨렸던 일도 있다. 책장에 꽂은 책은 내가 버리지 않는 한 내 곁에 남아 있다. 하지만 언제 어디서든 볼 수 있다는 디지털 콘텐츠는 되려 순식간에 증발해버린다.

사라질 서비스를 아카이브한다는 것의 의미

나는 없어진(혹은 없어질) 서비스의 콘텐츠를 아카이브하는
일을 했다. 당시 몸담고 있던 조직의 리더가 온라인 콘텐츠
의 휘발성에 깊은 문제의식을 갖고 있었기 때문이다. 당위
는 납득했지만 이걸 우리 조직이 따로 챙겨야 할 이유를 찾
지 못해 그저 관성적으로 일했다. 나는 데이터를 긁어다가
데이터베이스에 넣고 검색 가능한 상태로 만들고 웹페이지
를 만들어 어떤 콘텐츠가 있는지 볼 수 있는 시스템을 개발
했다.

그 안에는 수십, 수백만의 데이터가 있었다. 잠시 생겼다
가 없어진 추모 페이지에 모였던 메시지, 전국 방방곡곡에
뿌리내린 시민사회단체의 목록…. 그중에서도 한참이나 내
시선이 머물렀던 곳은 바로 '세월호 아카이브'였다. 내가 입
사하기 전에 만들어진 아카이브 사이트였다. 그 안에는 '세
월호, 그날의 목소리'라는 메뉴가 있었다. 세월호 사건 당일
배가 침몰했다는 신고전화부터 배가 기울고 있다는 다급한
목소리, 세월호의 상황을 교신하는 내용 등이 빼곡하게 담
겨 있었다. 처음엔 그저 웹사이트가 잘 작동하는지 점검하
는 차원에서 하나하나 눌러봤다. 그런데 들으면 들을수록
커다란 돌덩이가 마음속으로 떨어져 내리는 듯했다. 그 목

소리를 다 들었을 땐 통곡하듯 울음이 터져 나왔다. 세월호 사건은 이미 수년이나 지난 일이었는데도 그 목소리를 듣는 순간 2016년의 그 충격적인 시간으로 회귀한 듯 몸이 떨리고 아팠다.

아카이브의 중요성을 마음 깊이 깨달은 것도 아마 그때부터인 듯하다. 그전에는 데이터 아카이브를 하고 싶다며 찾아오는 사람을 별반 이해하지 못했다. 지금 와 돌이켜보니 그때 나는 너무 오만했다. 당시 내게 데이터는 그저 비용이었다. 어떤 식으로든 데이터를 보관하기 위해선 그만한 용량의 외장하드를 구입하든가, '월세'를 주며 클라우드 서비스에 세를 들어야 하니까. "데이터를 유지하고 싶으면 돈을 내는 수밖에 없어요." 나는 누구나 다 아는 말을 앵무새처럼 반복할 뿐인 엔지니어였다.

그러나 내게 자문을 요청하는 곳은 대체로 그만한 비용을 감당하기 어려운 비영리단체였다. 누구도 찾지 않는 데이터를 끝까지 이고지려는 그들의 마음을 그땐 이해하지 못했다. "그러면 그냥 날리시죠." 몇 번이나 권고했지만 활동가들은 고개를 절레절레 저었다. 그들은 서비스 사용자에 대한 예의와 서비스 제공자로서의 의무를 끝까지 지키려 했다. 매월 나가는 서버비 등 운영비용을 감당하기 어려워 결국 서비스를 종료했지만, 서비스에 남아 있는 데이터는 어떻게든 사용자들에게 돌려주려 했던 것이다.

결국 그들은 노후화된 스토리지 하나를 헐값에 구매했다. DB에 모여 있는 데이터를 긁어다 스토리지로 옮기는 일은 내가 도왔다. 그리고 난 뒤 더 이상 온라인을 통해 데이터를 제공할 수 없지만, 신청자가 있다면 절차를 거쳐 데이터를 공유하겠다는 공지를 올렸다.

데이터를 밀어넣고 집으로 돌아가는 길에 어쩐지 마음이 울렁거렸다. 하나의 서비스가 종료되는 모습을 곁에서 본 건 그때가 처음이었다. 그들은 서비스 안에 담긴 자료를 데이터라던가 콘텐츠라고 부르지 않았다. 게시글, 댓글, 비밀글…. 콘텐츠의 이름을 하나하나 정확하게 불렀다. 그 모습이 마음속에 깊이 새겨졌다. 데이터를, 콘텐츠를 단순한 데이터나 콘텐츠로 다루지 않는다는 것. 그게 서비스 제공자의 역할이라는 사실을 그날 처음으로 깨달았다.

많은 서비스가 데이터와 콘텐츠를 다룬다. 서비스가 문닫으면 길을 잃는 건 그저 콘텐츠일 뿐이겠지만, 그 안에 담긴 의미는 사용자마다 다를 것이다. 서비스를 제대로 만들기 위해서는 만드는 사람도 자기가 다루는 콘텐츠가 무엇인지 알아야 한다. 데이터나 콘텐츠라는 이름 안에 소거되는 개별성을 직시할 때, 서비스가 사용자와 어떤 관계를 맺는지 오롯이 이해할 수 있다. 서비스는 사용자와 만나 무언가

를 함께하는 일이다. 이때 만남은 만나는 순간만으로 이뤄
져 있지 않다. 만나서 대화하고 함께 무언가를 하다가 헤어
지는 모든 순간이 만남을 구성한다. 우리는 이렇게 만들어
진 관계를 어떻게 책임질 것인가? 어떤 서비스든 이 물음에
답해야 할 때가 온다.

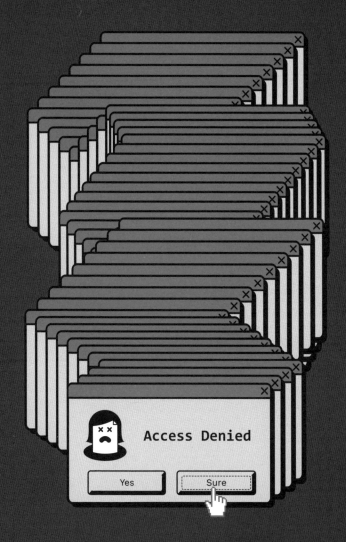

2부

업계 한복판에서 체감하는
테크 노동의 현실

나는 가끔 우리 사회의 편리함이 너무 매끈하다고 생각한다. 저녁에 상품을 주문하면 다음 날 아침 문 앞에 택배가 도착하고, 언제 어디서든 핸드폰으로 연락을 주고받는다. 디지털을 매개하기 때문에 이 모든 게 자동으로 이뤄진다고 생각하기 쉽지만, 이 모든 편리함은 수동이고 누군가의 노동이다. 아침에 일어났을 때 세상이 멀쩡하다면, 자는 동안 우린 그만큼 다른 이의 노동에 빚진 것이다.

'개발진'으로 시선을 옮길 때
드러나는 존재들

★ ★ ★ ★ ★

2021년 8월, 한 취업 사이트의 맞춤법 검사기가 논란이 됐다. 사건은 사용자 한 명이 해당 맞춤법 검사기 웹사이트에 접속해 개발자 도구로 소스코드를 열어본 데서 시작됐다.●

```
if(sWord.indexOf("3일에 한 번 때려야 할 여자") > -1) {
sWord = "";
}
```

● 브라우저마다 접속한 웹사이트의 소스코드를 확인할 수 있는 개발자 도구를 제공한다. 물론 개발자 도구로 모든 소스코드에 접근할 수 있는 건 아니며, 주로 웹사이트의 화면 단(프론트엔드)의 소스코드 중 일부를 살펴볼 수 있다.

이 소스코드는 '3일에 한 번 때려야 할 여자'라는 문장이 포함되어 있는지 검사하고, 해당 문장이 있다면 모두 삭제하도록 지시하고 있다. 여기까지만 보면 혐오 표현을 걸러내기 위해 작동하는 소스 같지만, 그렇게 보기엔 다소 의아한 지점이 있었다. 왜냐하면 이 소스는 '3일에 한 번 때려야 할 여자'라는 문구만 검사했기 때문이다. 예컨대 '삼일에 한 번 때려야 할 여자'라고 쓸 때는 이 코드가 작동하지 않는다. 코드 안에 쓰인 '3일'과 입력한 값 '삼일'이 서로 일치하지 않기 때문이다. '3일에한번'이라고 써도 마찬가지다. 띄어쓰기와 철자 모두 정확하게 일치해야만 작동하는 코드라는 점에서 사람들은 이 소스를 무용한 코드로 추측했다. 나아가 이렇게 무용한 코드를 실제 운영하는 웹사이트에 반영한 건, 개발자가 웹사이트를 이용해 다수의 여성 사용자를 조롱하기 위해서가 아니냐는 의혹으로 이어졌다. 이 내용은 소스코드를 캡처한 이미지, 그리고 해명을 요구하는 해시태그와 함께 온라인으로 급속히 퍼져 나갔다.

논란이 커지자 해당 서비스 업체에서 곧바로 해명문을 발표했다. 해명문에 따르면 소스코드는 사용자가 입력하는 혐오 표현을 걸러내기 위한 것이 아니라, 맞춤법 검사 솔루션의 혐오 표현 문제를 해결하기 위해 임시방편으로 작성된 것이었다. 해당 사이트에서는 맞춤법 검사기를 자체 개발하지 않고 외부 솔루션을 도입하고 있었다. 그런데 솔루션에서 특정 혐오 표현을 '3일에 한 번 때려야 할 여자'로 대치하자 웹사이트에서 이를 자체적으로 삭제함으로써 사용자에게 노출되지 않도록 조치한 것이다. 일종의 해프닝이었지만 논란은 나름 생산적으로 마무리되었다. 논란 덕택에 맞춤법 검사기 솔루션에서 오류를 수정할 수 있었기 때문이다. 근본적인 문제가 해결되었기 때문에 논란이 되었던 코드도 더는 필요하지 않아, 이후 삭제됐다.

그러나 논란이 일궈낸 성과와는 별개로 당초 문제가 제기되었던 배경에 대해서는 좀 더 생각할 여지가 남는다. 사람들은 어떻게 '일반적인 코드'와 '여성혐오를 위해 남성 개발자가 의도적으로 숨겨둔 코드' 사이의 간극을 순식간에 뛰어넘어버린 걸까? 혐오 표현이 코드 안에 삽입되었고 코드가 작동하는 맥락을 알 수 없다는 이유만으로 이런 일이 벌어졌다고 보긴 어렵다. 무용한 코드가 곧 남성 개발자의 산물로 추정된 데는 인식의 디딤돌이 있었다. 바로 테크 업계는 '남초 집단'이며, 그중에서도 개발자 직군은 여성에 대한 차별적 인식이 높은 남성으로 구성되어 있으리라는 나름의 '상식'이다.

썩 좋은 방식으로 작성된 코드는 아니지만, 코드만 읽었을 때는 여성을 비하하려는 의도를 찾기 어려웠다. 코드를 읽을 줄 아는 사람이라면 누구나 코드의 작동 방식을 손쉽게 파악했을 것이다. 그러나 테크 업계에 여성보다 남성 개발자가 훨씬 많다는 사실을 염두에 두고 소스코드를 보면, 어딘가 불쾌하고 기분 나쁘게 여겨진다. 여성에게 적대적인 남성 개발자가 의도적으로 숨겨둔 코드처럼 보이는 것이다 (실제로 개발자가 코드 안에 메시지를 남기는 경우도 종종 있다. 한 테크 회사는 개발자 도구로 열람할 수 있는 소스코드 안에 개발자 채용공고를 숨겨놓았다). 개발자 성비가 불균형한 현실에 대입하면 왜 이렇게 문제를 제기하는지 납득할 수 있지만, 그럼에도 불구하고 질문이 남는다. 아무리 남성 개발자가 많다 하더라도 이 코드를 여성 개발자가 작성했을 가능성은 왜 생각할 수 없는 걸까?

—— **여성들이 현업에 있어도 가려지는 현실**

이건 나 자신에 대한 물음이기도 하다. 얼마 전 지인의 자녀가 대학 입시를 앞두고 어떤 학과가 좋을지 조언을 구한 적이 있었다. 그는 컴퓨터공학, 데이터과학, 정보보안 등 공대 안의 다양한 학과를 두고 고민하고 있었다. 학과별 커리큘럼을 찾아보며 각 학과의 장단에 대해 함께 이야기를 나누고 수일 뒤, 문득 생각 나서 다시 지인을 찾아 물었다. "아들 어디로 결정했대?" 그러자 지인이 깜짝 놀라며 대답했다. "딸이야!" 대답을 듣자마자 심장이 쿵 하고 떨어졌다. 여성 개발자인 나조차 공대를 지망한다는 이가 당연히 남성일 거라고 오해한 것이다. 이과에 여성이 너무 적다는 현실 인식이 도리어 편견을 강화한 셈이다.

실제로 이공계 학과에서도, 테크 산업 현장에서도 여성의 수는 남성에 비해 적은 편이다. 한국여성과학기술인육성재단에서 발표한 〈2021년 남녀 과학기술인력 현황〉에 따르면, 대학 자연·공학계열 입학생의 성별 비율은 남성이 69.7%, 여성이 30.3%로 크게 차이가 난다. 현업에서는 성별 차이가 더 벌어진다. 과학기술연구개발인력 연구과제의 경우 책임자의 성별 비율이 남성은 88.1%, 여성은 11.9%였고, 이마저도 10억 이상 대형연구과제로 집계하면 여성의 비율이 9.1%로 줄어들었다.• 국내 테크 대기업의 경우도 크게 다르지 않다. 2022년 네이버 사업보고서에 따르면 네이버의 주요 리더 가운데 여성은 23명, 남성은 114명으로, 여성은 전체의 약 16%에 그쳤다. 정규직 직원의 현황은 여자와 남자 비율이 4:6 정

• 한국여성과학기술인육성재단, 〈2021년 남녀 과학기술인력 현황〉, 한국여성과학기술인육성재단, 2023.

도로 엇비슷했지만, 리더 혹은 임원으로 집계할수록 성비에서 큰 차이를 보였다. 카카오도 정규직 직원 성비는 네이버와 유사한 4:6 수준이나 임원은 여성이 약 31.8%로 공시됐다.•

이는 당장 어제오늘에 국한된 일이 아니다. 이공계 내 성별 격차는 무구한 차별의 역사를 반영하는 것으로, 이는 컴퓨터가 막 생겨나기 시작한 때와도 관련이 있다. 익히 알려져 있다시피 최초의 프로그래머 에이다 러브레이스는 여성이었고, 컴퓨터가 막 만들어지던 시기에 프로그래밍을 담당하던 이들도 모두 여성이었다. 여성이 자동계산기 뒤에 가려진 노동을 도맡아온 것이다. 그러나 전산이 사회적으로 주목받으면서 오히려 여성은 이 업종에서 쫓겨나기 시작했다. 역사학자 마리 힉스가 쓴 《계획된 불평등》은 이 과정을 연대기적으로 차근차근 분석한 책이다. 책에서는 전산업에서 여성이 배제된 여러 원인을 탐구하는데, 그 가운데 충격적인 이유도 있다.

전산화와 그에 따라 생긴 직종 구성 과정에는 20세기 중반 특유

• 네이버, 〈2022년 사업보고서〉, 2023, 366~372쪽; 카카오, 〈2022년 사업보고서〉, 2023, 433~439쪽. 네이버는 공시서류작성기준일의 목록을 토대로 산출했으며, 카카오는 보고서 제출일 기준으로 등기 및 미등기 임원을 포함해 산출했다.

의 성적 특질이 의도적으로, 그리고 노골적으로 반영되었다. (…)
여성에게는 그만큼의 돈이 '필요'하지 않다는 게 그 이유였다.●

　차별의 역사를 기억하는 작업은 무척 중요하다. 현재의
불평등을 그저 현상으로 치부하지 않고 보다 근원적인 해결
책을 고민하게 만들기 때문이다. 동시에 현장에 있는 소수
의 여성을 지우지 않고 직시하는 관점 역시 필요하다. 업계
에 남성 개발자가 훨씬 많다는 이유로 대다수의 제품을 남
성 개발자의 것으로 인식하는 일은 또다시 불평등의 밑거름
이 될 수 있다.

　공대에서 공부하는 여학생이나 현업에서 활발히 일하고
있는 여성 개발자는 (소수이긴 하지만) 분명히 있다. 나는 운
좋게도 현업에서 여성 동료들과 일할 기회가 많았다. 내게
개발을 가르쳐준 첫 번째 사수도 여성이었고, 내가 존경하
는 리더도 여성이었다. 시스템 운영을 위해 함께 모니터 앞
에 앉아 밤을 새웠던 수많은 시간 동안 내 옆에는 항상 여자
선배들이 있었다. 정작 회사에서는 여성과 남성 종사자 비
율이 3 대 7로 꽤 많이 차이 나는 편이었지만, 어느 프로젝트

● 마리 힉스, 《계획된 불평등: 여성 기술인 배제가 불러온 20세기 영국 컴퓨터 산업
의 몰락》, 권혜정 옮김, 이김, 2019, 24~25쪽.

건 여성은 꼭 있었다. 그들은 모두 제각기 뛰어난 실력과 훌륭한 인성을 갖추고 프로젝트를 성공으로 이끌기 위해 맹활약했다.

그러나 이런 여성들이 프로젝트마다 포진하고 있어도, 일단 서비스가 개시되고 나면 남성의 것처럼 여겨지는 듯하다. 서두에서 언급한 맞춤법 검사기의 사례처럼 말이다. 물론 실제로 맞춤법 검사 코드를 작성한 개발자가 여성인지 남성인지는 알 수 없는 노릇이다. 하지만 사람들은 코드를 바탕으로 남성 개발자가 작성했으리라고 확신했다. 테크 업계에 남성이 상대적으로 많다는 인식과, 그중에서도 특히 개발자 성비가 처참하다는 현실 때문에 IT 서비스의 과오와 성과 모두 남성에게 귀속될 수밖에 없으리라고 오해하는 것이다. 여성 개발자가 대외행사 같은 곳에 나가 "이 서비스 개발에 내가 참여했다"고 소리 높여 말하지 않는 한(심지어 소리 높여 말했는데도), 서비스 제작자의 '디폴트값'은 언제나 남성이다.

실제로 2021년 1월 논란이 되었던 인공지능 챗봇 이루다가 그랬다. 카카오톡 대화 내용을 기반으로 만들어진 이 챗봇은 20대 여성이라는 정체성을 갖고 있었다. 이루다는 아이폰의 시리와 달리 사용자에게 반말로 대화를 건네며 실제 친구와 대화하는 듯한 말투를 구사했다. 처음 출시됐을 때는 현실을 그대로 반영한 챗봇으로 인기를 끌었지만, 남성에게 이성적으로 어필하는 유사 연인을 만들어낸 것 아니냐는 비난도 받았다.

사람들은 그 근거로 회사 홈페이지에 공개된 남성 개발자들의 사진을 차용했다. 공교롭게도 이루다를 개발한 부서의 개발자가 전부 남성이었기 때문이다. 다시 말해 남성이 개발했기 때문에 남성들이 원하는 20대 여성의 모습으로 만든 것 아니냐는 주장이었다. 그러나 실제로 인공지능 챗봇에 20대 여성의 정체성을 입히고 외양을 디자인한 것은 개발자가 아니라 제품팀 기획자들이었다. 특히 이를 책임 있게 끌고 간 담당자는 여성이었다. 남성 개발자들의 사진이 계속해서 공유되며 비판의 대상이 되자, 프로젝트를 책임지는 여성 리더가 직접 공중파 방송국의 라디오 프로그램에 출연해 해명하기까지 했다. 하지만 여전히 서비스의 과오는 남성의 것으로 판결되었다.

—— 개발자에서 개발진으로 시선을 옮겨야 할 때

왜 이런 일이 벌어지는 걸까? 여기에는 두 가지 문제가 겹쳐 있다. 첫 번째는 성비가 불균형하다는 이유로 그나마 있는 여성의 존재마저 가려진다는 것이다. 두 번째는 테크 업계 내에 개발직군이 과잉대표되어 개발 이외의 직군이 무시된다는 것이다. 성비와 개발직군의 문제는 서로 다른 듯하지만 실은 연결되어 있다.

개발자가 과잉대표되어 있다는 것이 다소 모호하게 들릴 것이다. 하지만 '개발자 윤리'라는 단어를 떠올리면 직관적으로 이해할 수 있다. 개발자 윤리는 이루다 이슈로 인해 갑작스럽게 부상했지만, 그전에도 여러 방향에서 누누이 이야기됐던 주제다. 개발자 윤리는 개발자가 윤리의식을 갖고 개발에 참여해야 한다는 뜻으로, 주로 개인정보나 정보보안 영역에서 사용되었다. 서비스를 위해 수집한 개인정보를 개발자가 개인적으로 탈취하거나 오용·유출하지 않고 오로지 서비스만을 위해 사용해야 한다는 관점이다. 물론 개인정보 영역은 개발자 개인의 양심에만 기댈 수 없으니, 대기업이나 공공기관 등은 개인정보 암호화 혹은 개인정보 데이터베이스 접근권한 관리 시스템을 통해 체계적으로 관리하고 있다. 그 외에도 소스코드를 유출해서는 안 될 보안문서 등 개발자가 책임져야 하는 윤리의 영역이 존재한다.

그러나 최근에는 개발자 윤리가 서비스 윤리와 구분 없이 사용되는 모습을 종종 목격한다. 챗봇이 차별·혐오 표현이 담긴 메시지를 내놓는다거나 개인정보 오남용 문제에 대응하기 위한 방법으로 개발자 윤리를 호출할 때다. 인공지능 서비스의 발전에 대한 막연한 두려움은 충분히 공감한다. 그렇지만 서비스의 문제를 해결하기 위해 개발자 윤리를 말하는 건 어딘가 불편하다. IT 서비스는 알고리즘으로 환원될 수 없는, 다각도의 노력이 들어간 제품이기 때문이다. 대부분의 IT 서비스는 사실 팀 협업의 결정체다. 개발자 혼자서도 서비스를 만들 수는 있지만, 대다수의 서비스는 여러 직군의 종사자들이 함께 만들어낸 것이다. 그렇게 만들어진 서비스에서 발생하는 이슈를 왜 특정 직군의 개인들이 책임져야 한단 말인가?

당연한 말이지만 테크 업계에는 개발자만 있지 않다. 하나의 서비스를 만들기 위해 전문성을 가진 여러 사람이 제각기 머리를 맞댄다.

기획자는 서비스의 전체적인 콘셉트를 기획하고 그것이 어떻게 기능해야 하는지 기능명세서를 작성한다. 기획 단계에는 기획자와 더불어 UI·UX 디자이너도 참여한다. 화면마다 어떤 정보를 넣고 어떻게 디자인해야 사용자가 더 편리하게 이용할 수 있을지 가늠해야 하기 때문이다. 그런가 하면 서비스의 메인 색상이라든지 로고 이미지 등을 브랜드 디자이너가 함께 작업하기도 한다. 서비스의 주요 안이 모두 정리되면 개발자는 서비스를 어떻게 구현해야 할지 고민

한다. 개발자 안에서도 백엔드 개발자, 프론트엔드 개발자 등 영역별로 다양하게 구분된다. 큰 규모의 프로젝트라면 개발에 바로 들어가기 전에 소프트웨어 아키텍처가 미리 시스템의 구조를 설계하기도 한다.

이 모든 일이 팀의 협업으로 이뤄지기 때문에 협업 과정과 방식, 일정을 조율하는 프로젝트 매니저의 역할도 막중하다. 또한 프로젝트에 따라 서버나 네트워크를 관리하는 엔지니어가 투입되기도 한다. 이들은 서비스가 원활하게 운영되도록 각종 장비를 수시로 점검하고 관리한다. 이에 더해 개발된 서비스를 시험하고 보안성과 개인정보 보호 등 다양한 영역을 점검하는 품질보증 작업 역시 중요하다. 프로젝트의 규모나 성격에 따라 정보보안 담당자 혹은 정책 담당자 등 다양한 사람이 합류하거나 빠질 수 있다.

이처럼 IT 서비스를 만드는 데는 개발자만 필요한 게 아니다. 기획, 디자인, 프로젝트 운영과 관리에 이르기까지, 서비스는 특정 코드나 알고리즘으로 환원할 수 없으며 여기에는 개발 이상의 노동이 집약되어 있다. 서비스를 만들어내는 건 개발자만이 아니라 기획자, 디자이너, 프로젝트 매니저 등 다양한 직군이 포함된 '개발진'이다. 서비스가 빛나는 성공을 거뒀든 처참하게 실패했든 제작에 참여한 이들이 다함께 호명되어야 한다. 그러나 지금은 수많은 직군이 종사하는 테크 산업 안에서도 유독 성비가 불균형한 개발자 직군만이 과잉대표되어 있다. 개발자 윤리라는 명칭이 보여주는 것처럼 말이다. IT 서비스에 개발자 윤리를 묻고 싶다면 이제부터는 '개발진 윤리'라고 바꿔 말해야 한다. 심지어 그게 소스코드와 직접적인 관련이 있는 일이라 해도. 코드 안에 혐오 표현이 삽입되어 있다면 그건 개발자 개인의 문제가 아니라 그의 소스 반영을 방치한 팀의 잘못이기 때문이다.

우리가 늘상 이용하는 IT 서비스는 다양한 성별과 직군의 전문가가 조각을 더해 완성한 하나의 퍼즐이다. 서비스는 개발코드만으로 완성되지 않는다. 버튼을 어디에 위치시켜야 할지 심각하게 고민하는 이가 있고, 안내 문구 하나에도 신중을 다해 알기 쉽게 쓰려 노력하는 사람이 있다. 혹은 메인화면을 언제나 생동감 있게 관리할 수 있도록 일러스트를 새로 마련하는 디자이너도 있을 것이다. 물론 이 모든 것을 사용자가 항상 알아차릴 필요는 없다. 다만 개발자로 수렴되지 않는 노동이 서비스 안에 집약되어 있다는 걸 알아주길 바랄 뿐이다.

아, 중요한 질문이 하나 더 남았다. 개발자가 아니라 개발진으로 인식의 범위를 확대할 때, 개발진의 성비는 어떻게 달라질까? 정확히 알 수는 없지만, 지금의 처참한 개발자 성비보다는 훨씬 나아질 것이다. 이는 단순히 숫자만 다르게 셈하는 것이 아니라 인식의 확장을 꾀하는 일이다. 우리는 테크 산업 안의 여성들을 더 다채롭게 바라볼 필요가 있다. 이미 일터에 있는 여성들을 지워 내지 않고 그들의 성공과 실패를 있는 그대로 직시할 수 있도록.

48시간 정도,
안 잘 수 있나요?

★ ★ ★ ★ ★

테크 기업은 크게 세 유형으로 나뉜다. SI 기업, IT 서비스기업, IT 솔루션 기업이다. 사람들이 일반적으로 아는 테크 기업은 IT 서비스 기업이다. 대표적으로 네이버, 카카오 등이 여기 속한다. 이들은 주로 IT 기술을 활용한 B2C 서비스를 만들고 운영한다. 반면 IT 솔루션 기업의 주요 고객층은 테크 기업이다. 이들은 B2B 영업을 주로 한다. 예를 들어 A 은행에서 로그인할 때 사용하는 공동인증서 로그인 모듈은 각 은행의 전산팀에서 직접 개발한 게 아니다. 이러한 소프트웨어는 보안 솔루션 업체가 개발해 판매하는 상품으로, 은행의 전산팀은 이를 구매해 은행 웹사이트에서 작동하게끔 연동시킨다. SI 기업도 솔루션 기업처럼 일반 사용자보다 기업이나 기관을 고객으로 삼는다. 이들은 주로 시스템 통합 및 구축 프로젝트를 따와 시스템을 개발하고 납품한다. 대형 배송업체의 물류관리 시스템, 지자체의 실시간 교통통제 시스템 등이 SI 기업의 산출물이다.

내가 다닌 첫 번째 회사는 SI 기업이었다. 그중에서도 나는 같은 회사의 임직원이 사용하는 사내시스템 관리부서에 배치됐다. 우리 회사에 근무하는 대다수의 임직원이 다른 고객사의 시스템을 개발하고 또 유지보수했다면, 나는 임직원이 쓰는 시스템을 유지보수하는 역할을 맡았다. 예를 들어 임직원이 사용하는 이메일이나 전자결재, 법인카드 제증명 등록, 근태일지 기록 등이 모두 사내시스템에 속한다.

이 일을 하며 나는 고객사의 시스템을 유지보수하는 같은 회사 임직원들이 얼마나 오랜 시간 일을 하는지 알게 됐다. 당시 내가 다니던 회사에는 사내 임직원이 사용하는 메신저가 있었다. 함께 입사한 사업부 동기 중에서도 메신저의 '온라인' 상태가 좀처럼 꺼지지 않는 이들이 많았다. 무얼 하는지 물어보니 모두 제각각이었다. 어떤 이는 고객사 시스템을 개발하기 위해 밤을 새고 있었고, 다른 이는 이미 개발한 코드를 실제 시스템에 반영하기 위해 야간작업이 시작되기를 기다리고 있었다. 해외 기업 시스템을 유지보수하는 동기들은 고객사 임직원과 회의하기 위해 그들이 출근하는 시간에 맞춰 새벽에 일을 해야 했다(한국시간 기준으로 근무를 병행하면서!).

누구나 자주 쓰는 모바일 앱이나 온라인 뱅킹 시스템에서 한 번쯤 이런 문구를 본 적 있을 것이다. "정기작업으로 인해 시스템 사용이 불가합니다. 이용에 불편을 드려 죄송합니다." 이 문구 아래 기재된 작업시간은 대체로 밤이나 새벽녘이다. 밤 12시부터 새벽 2시까지, 새벽 3시부터 아침 6시까지…. 개발자들은 사용자가 가장 적으리라 예상되는 시간에 작업에 착수한다. 내가 다니던 회사의 임직원들이 바로 그랬다.

새벽녘에 일하는 사람이 이렇게나 많다는 사실을 안 건 시시각각 울려대는 전화 때문이었다. 새벽에 사내시스템이 오작동하면 어김없이 연락이 왔다. 보통 임직원들은 새벽에 작업을 하고 나서 작업한 내용을 등록하거나 근태를 기록하기 위해 사내시스템에 접속한다. 이때 접속이 잘 되지 않거나 기능상 오류가 나면 언제든 신속하게 조치해야 한다. 새벽에 일하는 작업자를 위해 새벽 대응도 필요한 것이다. 사내시스템 자체가 워낙 많은 데다 신기능이 추가되는 빈도도 잦다 보니 자연히 서비스 오류도 늘어났다. 언제나 빨리 대처해야 한다는 강박 아래 휴대폰이 울리면 곧바로 받기 위해 언제나 휴대폰은 머리맡에 뒀고 벨소리를 가장 크게 설정해놓았다. 벨소리가 울리면 곧바로 집 컴퓨터로 원격접속해 시스템을 살펴봤다. 늘 긴장 상태로 잠을 자다 보니 평상시에도 깊이 잠들지 못했다. 물론 고객사의 시스템을 유지보수하는 이들도 마찬가지였을 테다.

----   **낮에도 일하고 밤에도 일하는 사람들**

처음 SI 회사에 있을 땐 이런 업무패턴이 회사의 특성인 줄 알았다. 새벽에 일하는 개발자가 많아서 자연스레 생겨난 현상으로 이해했던 것이다. 그러나 놀랍게도 이런 업무패턴은 다른 업계에도 만연했다. 한창 이직을 알아보던 나는 한 게임회사의 사내시스템 운영부서에서 입사면접을 봤다. 그날 면접관은 충격적인 질문을 던졌다. 수년이 지나도록 아직도 뇌리에 남는 물음이었다.

"48시간 정도, 안 자고 깨어 있을 수 있으신가요?" 질문의 의도를 파악하지 못한 내가 "네?"라고 반문하자, 그는 머쓱했는지 말을 이었다. "한 달에 한두 번 48시간 정도 릴레이로 작업하거든요. 지사가 워낙 많다 보니 한 번 시스템이 바뀌면 나라마다 근무 안 하는 시간에 맞춰서 쭉 (작업분을) 반영하고, 그다음에 모니터링도 해야 해서." 잠시 면접장에 침묵이 이어지자 동석한 다른 면접관이 조심스레 한 마디 덧붙였다. "그래도 한두 시간은 잘 수 있어요."

평상시에도 사람들이 서비스에 접속하지 않는 시간대를 골라 작업하는 것이 일상이다 보니, 대체로 많은 사람이 시스템을 쓰지 않고 놀러가는 연휴는 테크 업계 노동자들에게 아주 특별한 시간이다. 예상했겠지만 이들이 어디 놀러나간다는 이야기가 아니다. 연휴가 길면 길수록 연휴기간은 평상시 하기 어려운 대규모 작업을 감행하는 때로 낙점된다. 네트워크 장비나 서버를 교체하거나 기존 시스템을 신규 시스템으로 완전히 교체하는 작업 등 위험부담이 크고 시간소요가 큰 작업이 주로 이때 계획된다.

무엇보다 명절연휴 작업의 단골손님은 은행권의 금융 시스템이다. 아직도 명절 하면 2016년에 있었던 '외환은행-하나은행 전산 통합 작업'이 떠오른다. 두 개의 서로 다른 은행 시스템이 하나로 통합되는 대규모 프로젝트였다. IT를 아는 사람이 아니라면 이 프로젝트가 왜 그렇게 위험하고 어려운 일인지 알기 어려울 것이다. 비유하자면 설계가 완전히 다른 두 개의 건물을 하나로 합치는 작업이라고 할까. 배관과 전기는 물론 인테리어마저 다른 건물을 통합하는 작업이니 어마어마한 노동력이 투입되는 것이다. 모든 걸 부수고 새로 만드는 게 더 쉬울 정도로.

당시 테크 업계 프로젝트 가운데 손꼽힐 정도로 큰 규모였던 이 프로젝트의 오픈일자는 2016년 현충일이 낀 황금 연휴로 정해졌다. 휴일은 물론이고 평일 야근도 수없이 이어졌던 이 프로젝트의 책임자는 언론에 이렇게 인터뷰했다. "매일 밤 직원들 간식으로 컵라면 2000개, 삶은 계란 4000개"를 날라준다고.● 그 인터뷰는 테크 업계 노동자들 사이에서 두고두고 회자됐다. '컵라면과 삶은 계란만 있으면 되니 개발자가 얼마나 저렴한 인력이냐'는 조소와 함께.

그러나 시중은행의 전산 통합 프로젝트처럼 특수한 프로젝트가 아니더라도, 일반적인 시스템 유지보수 노동자들에게 연휴는 휴식이 아니라 노동의 시간이다. 그것도 평소 하던 것보다 더 특별한 노동을 한다. 앞서 말한 것처럼 네트워크 장비나 서버를 교체하고 시스템을 이관하는 등 평상시 하기 어려웠던 작업을 해야 한다. IT 시스템의 유지보수 노동자들에게 연휴는 대규모 작업을 감행하기 위한 디데이인 셈이다.

● 정지성 기자, "매일 컵라면 2천개 먹으며⋯하나·외환 IT통합 밤샘작업", 《매일경제》, 2016. 05. 30.

서비스의 연속성을 위해
삶의 연속성을 희생해도 괜찮은가

유지보수 노동자들이 연휴를 반납하고 일하는 이유는 바로 '서비스 연속성' 때문이다. 서비스 연속성은 서비스가 중단되지 않고 사용자가 언제든 사용할 수 있도록 항시 제공한다는 뜻이다. IT 서비스가 피치 못할 이유로 갑작스레 중단되면, 그날 서비스를 통해 발생했어야 할 수익은 장부상 손실로 계산된다. 컨베이어 시스템이 멈춰 공장을 가동할 수 없으면 그날 생산하지 못한 물품이 곧바로 손실 처리되는 것과 마찬가지다. 갑작스러운 오류로 서비스가 멈추면, 거래 정지로 인해 계상되지 못한 수수료도 손실로 평가된다. 1시간의 장애가 수억 원의 손실로 계산된 적도 있다.

연중무휴 누구든 서비스를 편리하게 이용할 수 있어야 한다는 서비스 연속성은 정말 최종사용자End User를 위한 것일까? 적어도 손실의 측면에서 봤을 때 서비스 연속성은 기업의 이익을 보장하기 위해 존재하는 것 같다. 노동자가 이를 위해 휴일을 반납해야 할 의무는 당연히 없다. 무엇보다 그렇게 반납한 휴일이 제대로 된 보상으로 돌아오는 경우도 흔치 않다. 야근을 밥 먹듯 하고 명절에도 일하지만 야근수당이나 휴일근무수당을 받지 못하는 경우가 허다하기 때문이다. 서비스 연속성은 유지보수 노동자에게 어겨서는 안 될 가장 중요한 가치처럼 여겨진다. 정작 서비스 연속성을 보장하는 노동자의 권리는 뒷전이면서도.

서비스 연속성을 문자 그대로 이해하면 시스템이 중단되는 일 없이 무조건 제공되어야 한다는 뜻으로 보인다. 그러나 그게 꼭 필요한 시스템 작업을 하지 말라는 뜻은 아니다. 서비스 연속성은 다층적으로 평가되어야 한다. 예를 들어 시스템에 오류가 발생했을 때 가능한 빨리 시스템을 복구하기 위한 매뉴얼이나 프로세스 등이 여기 속한다. 데이터를 주기적으로 백업하고 파일을 안전하게 보관하는 일도 서비스 연속성을 위한 작업이다.

언젠가 나는 재난대응매뉴얼을 만드는 프로젝트에 참여한 적이 있다. 이 프로젝트에서는 지진이나 재해 등이 발생했을 때 시스템을 어떤 식으로 빠르게 복구할 것인지 매뉴얼과 프로세스를 만들었다. 그뿐만 아니라 이렇게 만든 매뉴얼을 배포하고 정기적으로 재난대비훈련을 실시했다. 서비스 연속성을 위해 필요한 건 백업과 복구에 관한 실질적인 기술뿐만 아니라 매뉴얼과 프로세스 등 정책 일반이다. 그러나 정작 현업에서 서비스 연속성은 이 같은 기술이나 정책이 아니라 노동의 영역에만 오롯이 전가되고 있다. 야간작업과 휴일근무가 서비스 연속성의 필수조건인 것처럼 말이다. 이런 상황 속에서 유지보수 노동자는 서비스 연속성이라는 목적을 위해 많은 것을 포기해야 한다. 한밤 내내 푹 잠들 수 있는 숙면의 시간이나 노트북 없이도 떠날 수 있는 여행 같은 것을.

한 번은 내가 다니던 회사의 사내게시판에 입사한 지 얼마 되지 않은 직원의 부고가 올라왔다. 눈이 펑펑 내리던 주말, 고객사 직원의 요구로 시스템을 살펴보러 출근했던 그는 돌아오는 길에 교통사고가 났다고 한다. 모두 할말을 잃을 정도로 마음 아픈 죽음이었다. 정작 고객사 직원이 요구한 건 긴급하지도, 중대하지도 않은 일이었다.

블라인드나 개발자 커뮤니티에서도 안타까운 소식이 심심찮게 들려온다. 프로젝트에서 내내 철야하던 개발자가 심장마비로 죽었다거나, 임신 중에 투입되어 연일 밤샘한 나머지 아이를 유산했다는 비보다. 소프트웨어정책연구소에서 2020년 1월 발표한 〈SW프리랜서 근로환경 실태 조사 및 개선 방안 연구〉에 따르면, 소프트웨어 프리랜서 개발자 중 과반이 넘는 57.3%가 저녁근무를 한다고 응답했다. 저녁보다 더 늦은 시간인 야간까지 근무하는 경우는 22.1%였고, 휴일에도 나와 근무한다는 사람들도 32%에 달했다. 이 가운데 정말 필요한 작업인 경우는 얼마나 있었을까? 조사 결과에 따르면, 근무 특성상 야간근무가 아닌 경우에도 야간근무를 수행한 빈도가 야간근무 경험자 중 69.3%였다. 당장 필요하지 않은 데도 야간근무가 요구되었지만, 설상가상 많은 수가 야근수당조차 제대로 받지 못했다고 한다. 야근수당을 전혀 받지 못했다고 응답한 수는 85.6%에 이른다.[●] 연휴와 야간에 일하는 건 당연하게 여겨지는데, 왜 정작 받아야 할 수당은 전혀 당연하지 않은 걸까. 이런 노동환경 속에서 유지보수 노동자들은 많이 아프고 많이 죽는다.

—— **'야간작업을 하기 싫어서'가 아니다**

2021년 전국민을 혼란에 빠뜨렸던 KT 네트워크 장애 사태가 아직도 기억난다. 오후 12시, 점심시간이었던 터라 나도 식당에서 직장 동료들과 함께 밥을 먹고 있었다. 밥을 다 먹고 결제하려고 하는데 이게 웬걸, 카드결제가 되지 않았다. 가게에 들여놓았던 카드결제기가 KT 통신망을 이용하고 있었던 터라 네트워크 장애로 먹통이 된 것이다. 점심시간이면 배달주문도 밀려들 때인데 주문이 한 건도 들어오지 않

● 유재홍·이종주, 〈SW 프리랜서 근로환경 실태 조사 및 개선 방안 연구〉(2019년도 과학기술정보통신부 정보통신·방송연구 개발사업 연구결과), 소프트웨어정책연구소, 2020, 40~41쪽.

아 가게 주인은 발을 동동 굴렀다. 카드결제가 되지 않자 직장 동료들끼리 지갑에 있던 현금을 그러모아 겨우 밥값을 냈다. 이게 무슨 일인지 몰라 어리둥절했는데 KT의 전국 네트워크에 문제가 생겼다는 뉴스를 그제야 발견했다.

네트워크는 1시간 반이 지나고서야 간신히 복구됐다. 처음에는 외부에서 대규모 네트워크 공격DDos이 발생해 네트워크가 마비되었던 것으로 보도됐지만, 실제 원인은 달랐다. KT 북부산국사에서 네트워크 장비를 교체하던 중 명령어가 누락된 게 그만 대규모 장애로 확대되었던 것이다. 사고가 일어나고 4일이 지난 10월 29일, 과학기술정보통신부는 사고의 원인을 '총체적 관리 부실'로 짚었다. 과학기술정보통신부의 브리핑에 따르면 당초 이 작업은 25일 오전 11시가 아니라 26일 오전 1시, 그러니까 새벽 1시에 진행하도록 계획되어 있었다. 그러나 실제로는 사용자가 많은 낮 시간대에 작업이 이뤄졌다. 또한 별도의 작업관리자 없이 KT 협력업체 작업자끼리만 작업한 사실과, 작업하기 전 스크립트에 대한 검증이 이뤄지지 않은 점 등이 원인으로 꼽혔다.

브리핑 자체는 객관적인 사실을 중심으로 진행됐다. 브리핑 중 네트워크정책실장은 관리자도 없었고 테스트도 하지 않은 상태에서 주간에 네트워크 교체 작업을 한 건 "파란 불에 신호등을 건너야 된다는 걸 어긴 수준"이라 표현하기도 했다. 문제는 일부 언론이 발화의 맥락을 자르고 주간에 작업이 이뤄진 것만을 집어내 자극적으로 보도한 데서 비롯했다. 특히 한 언론사는 기사에 "야간작업 싫어서 대낮에"라는 제목을 붙이기까지 했다. 단순히 노동자들이 야근하고 싶지 않아서 주간에 작업했다는 식으로 헤드라인을 잡은 것이다.● 정작 야간작업으로 예정되어 있던 과업이 왜 주간으로 바뀌었는지에 대한 설명은 브리핑에서도 구체적으로 언급되지 않았다. 여러 원인이 겹쳐 있었음에도 가장 큰 문제는 주간에 작업한 노동자들에게로 초점이 맞춰졌다.

그러나 정말로 야간작업이 필요한가? 나는 가급적 야간작업을 줄이는 방향이 더 맞다고 생각한다. 네트워크 장비 교체와 같이 영향이 크다고 판단되는 일은 당연히 야간에 진행할 수 있다. 물론 야간에 하든 주간에 하든, 작업 체계를 갖추고 스크립트를 사전에 테스트하는 일은 필수다. 그렇지만 현재 테크 업계에서는 너무나 많은 과업이 당연하다는 듯이 야간과 휴일에도 이어지고 있다. 시스템 정비에 정말로 야간작업이 필요한지는 묻지 않은 채 말이다. 기실 야간이 아니더라도 안전하게 작업할 수 있는 방법을 찾는 게 우

● 선한결 기자, "'야간작업 싫어서 대낮에'…30초만에 전국망 다운됐다",《한국경제》, 2021. 10. 29.

선이지, 야간작업을 하는 게 원칙일 수는 없다. 횡단보도를 파란불에 건너는 일은 사회적 약속이지만, 야간작업은 개선해야 할 과제다. 이 둘은 너무나 다르다.

나는 가끔 우리 사회의 편리함이 너무 매끈하다고 생각한다. 저녁에 상품을 주문하면 다음 날 아침 문 앞에 택배가 도착하고, 언제 어디서든 핸드폰으로 연락을 주고받는다. 디지털을 매개하기 때문에 이 모든 게 자동으로 이뤄진다고 생각하기 쉽지만, 이 모든 편리함은 수동이고 누군가의 노동이다. 아침에 일어났을 때 세상이 멀쩡하다면, 자는 동안 우린 그만큼 다른 이의 노동에 빚진 것이다.

'네카라쿠배'라는
새로운 입시

★ ★ ★ ★ ★

"신입에게도 주식 1억 원⋯IT 개발자 몸값 폭등." "초봉 6000만원' 몸값 치솟는 IT개발자⋯스타트업은 웁니다." 2021년 테크 업계의 화두는 단연 채용이었다.● '개발자 채용 전쟁' '연봉 대란' '개발자 모시기 경쟁'⋯. 개발자의 몸값을 둘러싼 소문이 잇따라 보도됐다. 특히 삼성이나 LG 같은 전통적인 대기업이 IT 플랫폼 회사들과 채용 경쟁에서 밀린다거나, 몸값이 높기로 유명한 금융업계지만 정작 개발자들은

● 정진욱 기자, "[집중취재M] 신입에게도 주식 1억 원⋯IT 개발자 몸값 폭등", 《MBC》, 2021. 03. 23.; 이민하 기자, "'초봉 6000만원' 몸값 치솟는 IT개발자⋯스타트업은 웁니다", 《머니투데이》, 2021. 03. 19.

가지 않으려 한다는 말 따위가 흥미로운 이야깃거리로 언론을 통해 회자되었다.

서연고(서울대, 연세대, 고려대), 서성한(서강대, 성균관대, 한양대). 대입을 준비할 때 으레 대학교의 앞 글자만을 따 비슷한 서열끼리 묶어 부르던 관행은 현재 테크 업계로 이어지고 있다. '네카라쿠배(네이버, 카카오, 라인, 쿠팡, 배달의민족)'로 시작된 서열에는 이후 '당토직야(당근마켓, 토스, 직방, 야놀자)'가 추가됐다. 유니콘 기업 반열에 오르거나 연봉이 높기로 소문난 기업들이다. 대기업과 플랫폼 기업 사이만이 아니라 플랫폼 기업 사이에서도 저마다 유능한 인재를 영입하려는 신경전이 치열하다. 네이버는 '월간 영입'이라는 제목으로 매월 기술직군의 경력직 사원을 채용한다. 배달의민족 앱을 개발한 회사 우아한형제들은 채용 연계형 교육 프로그램 '우아한 테크캠프'를 운영 중이다. 2023년 들어 그동안 불붙었던 채용 열기가 훅 가라앉기는 했지만, 개발자 채용은 여전히 알음알음 진행되는 추세다.

얼핏 보면 기업들의 피 튀기는 개발자 영입 경쟁에서 개발자가 갑이라는 인상을 받기 쉽다. 개발자가 부족하다고 하니, 개발자이기만 하면 누구든 네카라쿠배 중 하나를 선택해 입사하는 것처럼 보인다. 그렇지만 기업 간의 개발자 영입 전쟁이 거센 만큼 채용시장에서 개발자 간의 구직 경쟁 역시 굉장히 치열하다.

여기엔 다소 복잡한 사정이 숨어 있다. 이를 들여다보기 위해서는 먼저 채용 과정을 살펴야 한다. 초창기 IT 서비스 기업들은 직원 채용 과정에서 학력과 경력 등이 기재된 이력서를 접수받고, 이를 심사하는 일반적인 서류전형 과정을 고수했다. 그러나 최근에는 서류전형 과정이 사라지는 추세다. 기업들이 학력이나 경력을 보지 않고 오로지 실력만으로 직원을 채용하겠다고 공언한 것이다. 대표적인 사례가 '2020 토스 NEXT 개발자 채용'이다. 모바일 금융 어플리케이션 토스를 운영하는 비바리퍼블리카는 2020년 7월 개발자의 역량만을 우선시해 채용하겠다며 서류평가 절차를 없앴다. 대신 모든 지원자에게 코딩테스트를 치르게 했다. 입사자에게는 1억 원 상당의 스톡옵션을 지급하겠다는 파격적인 조건까지 내걸었다.

코딩테스트는 말 그대로 지원자가 어느 정도 수준으로 코드를 짤 수 있는지를 확인하는 시험이다. 특정 문제가 주어지면 거기서 요구하는 내용을 프로그래밍 로직으로 구현해야 한다. 코딩테스트는 2005년 다음커뮤니케이션이 국내에서 처음으로 도입했다. 초창기에는 1차 서류심사를 거치고 선발된 이들을 대상으로 코딩테스트를 치렀다. 코딩테스트만을 따로 보는 경우도 있었지만, 면접 도중에 병행하기도 했다. 제출된 문제를 보고 종이나 화이트보드에 코드를 직접 쓰는, 이른바 '손코딩' 방식이 많았고, 준비를 많이 한 회사에서는 노트북에 직접 코딩을 하게 했다. 그러나 최근에는 코딩테스트 전문 솔루션이 개발되어 대체로 온라인에서 테스트를 진행한다. 지원자들이 접속할 수 있는 URL이 주어지면 지원자들은 해당 링크에 접속해 문제를 확인하고 제시간 내에 코드를 짜면 된다. 각자 원하는 곳에서 원하는 시간에 시험을 치를 수도 있다. 지원자가 작성한 코드를 제출하면, 코드를 테스트하는 기능이 바로 실행되어 지원자가 작성한 코드가 적절한 값을 반환하는지 체크하고 점수가 매겨진다.

아래는 2021년 카카오에서 모집한 채용연계형 인턴십의 코딩테스트 기출문제다.*

네오와 프로도가 숫자놀이를 하고 있습니다. 네오가 프로도에게 숫자를 건넬 때 일부 자릿수를 영단어로 바꾼 카드를 건네주면 프로도는 원래 숫자를 찾는 게임입니다. 다음은 숫자의 일부 자릿수를 영단어로 바꾸는 예시입니다.

● 기출문제의 내용에 대해서는 다음 페이지를 참조. https://tech.kakao.com/2021/07/08/2021-카카오-인턴십-for-tech-developers-코딩-테스트-해설 (2023년 5월 30일 접속)

1478 → "one4seveneight"

234567 → "23four5six7"

10203 → "1zerotwozero3"

이렇게 숫자의 일부 자릿수가 영단어로 바뀌었거나, 바뀌지 않고 그대로인 문자열 s가 매개변수로 주어집니다. s가 의미하는 원래 숫자를 return 하도록 solution 함수를 완성해주세요.

코딩테스트에서 요구하는 개발은 실제 업무환경에서 수행하는 개발과 조금 다르다. 영어 공부에 비유하자면 전자는 토익시험 공부로, 후자는 외국인과 영어로 소통할 수 있는 능력으로 이해할 수 있다. 현재 대다수의 IT 플랫폼 기업은 이력서를 보는 대신 코딩테스트로 지원자의 역량을 가늠한다. 서류로 지원자의 이력을 심사하던 1차 전형 자체가 개발자들에게는 토익시험이나 다름없는 코딩테스트로 대체된 것이다. 카카오, 토스와 같은 IT 서비스 기업뿐만 아니라 SK 그룹, 이베이코리아, CJ올리브영, KT 등 대기업도 속속 뒤를 따랐다.

"네카라쿠배 입사시켜드립니다"

테크 기업들은 변화한 채용문화에 대해 '우리는 학력도, 이력도 일절 보지 않고 오로지 실력만을 본다'고 설명한다. 이러한 취지 아래 지원자들은 이력서 대신 포트폴리오*를 제출하고, 서류심사 대신 코딩테스트를 치른다. 그런데 신입 개발자에게도 실력을 요구한다는 건 어딘가 이상하다. '경력 있는 신입'을 원하는 것도 어불성설이었는데, 이제 신입사원은 실력마저 갖춰야 하는 것이다. 출신 학교를 보지 않는다는 건 분명 긍정적인 변화다. 그렇지만 신입사원의 실력을 평가하기 위해 서류전형 대신 도입된 코딩테스트는 사실상 또 하나의 입시 관문이다. 실제로 채용시장에서는 '네카라쿠배 입사'를 앞세운 코딩학원(부트캠프)이 우후죽순 늘어나고 있다. 서연고 입학을 목표로 하는 대입 전문 학원을 보는 것 같다.

부트캠프는 본래 개발역량을 훈련해 누구든 개발자가 될 수 있는 육성 프로그램으로 시작했다. 해외에서는 과학기술계의 성차별과 성비 불균형을 고려해 여성이 청소년 시절부

● 지원자가 지금까지 수행해온 프로젝트의 목록과 내용을 일별한 파일. 비록 경력이 없더라도 신규 입사자 역시 그동안 해왔던 활동을 최대한 모아 제출해야 한다.

터 테크 업계에 진입하기 위한 수단으로도 활용되고 있다. 예를 들어 여성 청소년을 대상으로 코딩을 가르치는 '걸스 후코드Girls Who Code'라든가 아프리카계 미국인 여성 청소년을 중심으로 개발자 교육을 제공하는 '블랙걸스인테크Black Girls in Tech'가 대표적이다. 아쉽게도 국내 부트캠프 프로그램 중에서 여성 청소년을 대상으로 하는 곳은 없다. 하지만 취업에 전전긍긍하기보다 누구든 스스로 필요한 것을 개발할 수 있도록 실질적인 지식과 기초를 꼼꼼하게 가르치는 곳이 많았다.

그러나 개발자 채용 광풍이 불어닥치면서 부트캠프의 분위기도 달라졌다. 이전에는 실질적인 개발 기초에 집중했다면 지금은 특정 테크 회사의 이름을 걸고 그 회사에 지원할 수 있는 포트폴리오를 제작해준다. 이 때문에 이미 프로그래밍을 충분히 할 수 있는 사람이더라도 부트캠프에 등록하는 형국이 됐다. 개발 자체가 아니라 취업을 목표로 하는, 일종의 취업사관학교이기 때문이다. 심지어는 부트캠프를 하나만 등록하는 게 아니라, 취업될 때까지 꾸준히 몇 군데씩 옮겨 다닌다. 학부에서 컴퓨터공학을 전공했던 한 여성 개발자도 학교 졸업 후 부트캠프에 등록했다고 해, 이유를 물었더니 아래와 같은 답변이 돌아왔다.

몇 년 전이랑 지금은 취준(취업준비) 분위기가 너무 달라졌어요. 경쟁도 훨씬 치열해졌고요. 구직자 입장에선 실력을 쌓았더라도 증명할 방법이 마땅치 않아서 부트캠프 수료라도 해야 하나 싶은 것 같아요. 비전공자든 전공자든 일단 과정을 수료하면 '네카라쿠배'에 입사할 수 있는 것처럼 광고하는 부트캠프들이 많이 생겨나서···. 선택의 폭은 넓어졌지만 실질적 도움이 되는 걸 찾는 데는 어려움이 있고. 그래서 (계속 스터디나 사이드 프로젝트를 하는 것처럼) 불필요한 활동을 계속하는 것 같아요.

부트캠프는 종류에 따라 천차만별이지만 대체로 3~6개월 동안 개발교육을 제공하는 개발자 육성 프로그램이다. 특히 기초적인 코딩교육뿐만 아니라 면접에서 활용할 수 있는 포트폴리오를 함께 만들어준다. 과정생을 연결시켜 팀으로 만들어주고 그들이 스스로 프로젝트를 기획·개발해 포트폴리오에 이력을 추가할 수 있도록 한다. 누구에게든 개발교육을 제공해 취업을 돕는다는 것이 개발자 부트캠프의 핵심이다. 부트캠프 등록비는 수백만 원을 웃돌며 프로그램에 따라 1,000만 원을 넘는 경우도 있다. 높은 수강료가 수강생이 부트캠프에 진입하는 데 장벽이 되자, 그중 한 부트캠프 업체는 '소득공유 모델'을 내걸었다. 캠프 수료 후 수강생이 취업하면 소득에서 세전 기준 17%를 수강료로 가져가는 구조다.

테크 기업 채용시장의 변화 속에 일부 업체는 코딩이 아니라 네카라쿠배 취업을 목표로 한 프로그램을 전면에 내세웠다. 이 프로그램에서는 코딩테스트에 대비한 기출 및 예상문제 풀이와, 면접을 위한 컴퓨터공학 핵심개념 강의, 기술면접 모범답안 등 채용 과정 전반을 코칭한다. 여기에서 더 나아가 네카라쿠배 합격자와 커뮤니티를 만들어주거나 네카라쿠배 재직자를 멘토로 하는 유료 스터디 모임을 운영하기도 한다. 이 모든 것이 네카라쿠배에 입사할 '실력'을 쌓기 위해 일어나는 일이다.

—— **말이 사전과제지 실상은 무급노동**

코딩테스트 외에도 구직자의 실력을 검증하기 위한 목적으로 도입된 채용 절차가 하나 더 있다. 바로 '사전과제'다. 개발자뿐만 아니라 테크 기업에서 일하는 다른 직군도 채용 과정에서 종종 사전과제를 요구받는다. 사전과제는 대체로 1차 심사에 합격한 이들을 대상으로 통보된다. 면접 전에 과제를 제출한 뒤 면접장에서 과제를 설명하는 방식이라 사전과제라는 이름이 붙었다. 회사에 따라, 그리고 직군에 따라

과제의 양과 난이도가 상이하다. 사전과제는 대체로 1~4일 정도의 시간이 걸리는 일감으로 진행된다.

예를 들어 기획자 직군의 사전과제는 대체로 서비스 개선 아이디어가 담긴 화면설계서다. 화면설계서란 아이디와 비밀번호를 입력하는 난과 그에 따른 부가기능(아이디 찾기, 비밀번호 찾기, 회원가입 등)이 어디에 위치해야 하고 또 어떤 기능을 수행해야 하는지를 꼼꼼하게 정리한 문서다. 간단한 프레젠테이션 형식으로 제작하기도 하고, 화면 단위로 세세하게 스토리보드를 만들어야 하는 경우도 있다. 로그인 페이지를 설계한다면 로그인 화면에서 어떤 기능이 필요하고 각각의 역할은 무엇인지를 정의해야 한다. 개편안의 내용이 담긴 화면설계서를 작성하기 위해서는 기존 서비스를 여러 각도에서 세밀하게 분석하고 이를 바탕으로 합리적인 대안을 제출해야 한다. 게다가 같은 화면이더라도 PC, 모바일 중 어떤 디바이스로 접속하느냐에 따라 노출되는 기능이 달라지므로, PC 버전과 모바일 버전을 다르게 설계해야 한다. 지원자의 전문성은 물론이고 결코 짧지 않은 시간이 요구되는 과업이다.

디자인 직군의 사전과제도 기획자와 유사하다. 많은 회사에서 디자인 직군의 지원자에게 요구하는 것은 그들이 실제로 운영하는 서비스의 디자인 개편 시안이다. 현재 운영하

고 있는 웹사이트의 디자인에서 개선점을 찾아내야 할 뿐만
아니라, 새로운 디자인 시안까지 만들어야 한다. 어떤 회사
는 시안을 통해 전체적인 브랜드 디자인의 콘셉트를 만들어
오라고 지시하기까지 한다. 이런 방식의 사전과제는 정말
기업이 구직자의 실력을 확인하기 위함인지, 아니면 채용을
핑계 삼아 새로운 시안을 하나라도 더 확보하기 위함인지
가늠하기 어렵다. 그러나 구직자 입장에서는 이러한 사전과
제가 부당하게 느껴지더라도 문제를 제기할 수 없다. 취업
을 희망한다면 이 과정을 응당 따라야 하기 때문이다.

그런 점에서 개발직군의 사전과제는 기획자나 디자이너
보다 나은 편이다. 일반적으로 개발직군의 사전과제는 회사
의 실제 서비스와 무관한 경우가 더 많기 때문이다. 주로 특
정 개발언어를 사용해 간단한 애플리케이션을 만들거나 몇
가지 기능이 구현된 웹사이트를 만들라는 것 등이다. 이런
과제는 짧으면 1~2일, 길면 3~5일 사이에 완수해야 한다.
아무리 간단한 과제라 하더라도, 현재 회사에 근무하고 있
거나 다른 업무가 있다면 퇴근 이후의 시간을 확보해 사전
과제 해결에 쏟아야 한다. 게다가 간혹 자사 솔루션을 개발
직군의 사전과제로 활용한 사례도 발견된다. 자사의 솔루션
을 설치하고 이를 기반으로 특정 기능을 개발하도록 해 사
실상 구직자를 자사 솔루션의 테스터로 활용한 것이다.

사전과제는 구직자에게 여러모로 불리한 과업이다. 과제에 투입되는 노동력이 상당한 데다가 회사가 공짜 시안으로 활용할 위험성도 있기 때문이다. 구직자의 실력을 평가하는 과정으로만 보기에는 과제의 양과 내용도 과중하다. 합격하면 그나마 다행이지만, 시간과 정성을 쏟아부었는데 불합격한다면 그야말로 시간낭비가 따로 없다. 그중에서도 최악은 제출한 사전과제에 대해 피드백 하나 돌아오지 않는 경우다. 일반적으로 지원자는 면접 자리에서 자신이 제출한 사전과제를 발표하고 의도를 설명한다. 이 과정에서 면접관 역시 사전과제 결과물을 평가해야 할 뿐만 아니라 피드백까지 꼼꼼하게 덧붙여야 한다. 그래야 회사로서도 이 과정에 충실히 임하고 있다는 메시지를 전달할 수 있기 때문이다. 그러나 사전과제를 요구했음에도 불구하고 면접 때 사전과제를 언급할 시간을 주지 않거나 사전과제를 발표했는데도 피드백 하나 없는 경우도 있다. 면접관 입장에서야 그 많은 과제를 언제 하나하나 다 보겠냐마는, 누구도 안 볼 과제라면 애초에 요구하지 말아야 한다.

사전과제는 채용을 목적으로 강요되는 무급노동이다. 사전과제 횡포가 날로 심해지자 직장인 익명 커뮤니티 블라인드에서는 일부 사용자들이 합심해 자체적으로 'IT 직군 과제비/면접비 리스트'를 만들었다. 구직자들이 기업 채용 과정에서 겪었던 내용을 항목에 따라 기록한 문서다. 과제나 실기테스트가 있는지와 과제 기간, 그리고 보상 내용이 구체적으로 적시됐다. 기록된 사례에 따르면, A 회사는 사전과제를 제시한 후 구직자가 근무하고 있는 직장의 시급에 맞춰 과제에 들어간 시간에 따라 비용을 계산해 제공했다. 연봉 대비 투입 시간에 따라 과제비를 주는 곳도 있다고 한다. 그러나 이런 회사는 극히 드물었고, 과제비나 면접비를 일절 주지 않는 기업이 훨씬 많았다. 그중에서도 구직자가 선호하는 대형 IT 서비스 기업들은 대체로 과제비나 면접비를 지급하지 않았다. 그나마 주는 곳은 자사 상품권(쿠폰)으로 대체했다. 기업 입장에서는 수당을 한 푼도 지급하지 않고 쿠폰을 통해 새로운 매출까지 끌어올리는 셈이다.

누가 실력을 규정하고 이용하는가

실력이란 대체 무엇이고 어떻게 검증할 수 있는 걸까. 2020년 KB국민은행의 신규 행원 채용 공고는 과한 '채용 갑질' 사례로 지탄받은 바 있다. 지원자들에게 사전과제와 PPT 발표를 요구했을 뿐만 아니라 채용 과정 중에 교육이수를 필수 조건으로 내걸었기 때문이다. 채용 분야와 채용 과정 사이의 관련성이 모호하기에 더 큰 비난을 샀다. 채용공고를 게시한 회사조차 자기 조직에 어떤 인재가 필요한지 잘 알지 못한다는 사실을 명시적으로 드러낸 사례였다. 실력만을 보겠다는 기업들은 그들조차 실력이 무엇인지 스스로 정의하지 못하고, 어떤 능력이 필요한지도 이해하지 못한다. 그에 따른 부담은 구직자의 몫이다. 구직자들은 매우 긴 채용 절차를 거치며, 이 과정에서 상당한 노동력을 쏟아부어야만 한다.

2021년 8월 발표된 경제협력개발기구OECD 통계에 따르면, 우리나라의 연간 노동시간은 평균 1,908시간으로 최상위권이었다. 그런데 오래 일하는 데 반해 노동생산성은 하위권이었다.• 실력이 앞장서고 능력이 존중받는 사회라면 수치가 반대였어야 하는 것 아닐까. 네카라쿠배에 입사한 이들조차 계속해서 이직하며, 많은 경우 번아웃을 호소한다. 기업들은 여기다 대고 위기 상황에서 자신을 관리하고 극복하는 것 역시 능력이라 말한다.

우린 글로벌 거대 IT 기업과 경쟁하는 회사다. 서비스를 성공시키려면 '그럼에도 불구하고 도전하는 마음가짐'이 중요하다. 실패해

• 손해용 기자, "獨보다 576시간 더 일하는 韓, 노동생산성은 38개국 중 27위",《중앙일보》, 2021. 08. 04.

도 금방 극복하는 레질리언스(resilience, 극복·회복 능력)를 갖춰야 한단 의미다. 그래야 실패 후 다시 동기를 부여해 새로운 분야에 계속 도전할 수 있다. 그런 승부욕, 열정이 있고 도전에 스트레스 받지 않는 인재가 필요하다.•

실력은 만능을 요하는 마법의 단어다. 여기에는 어떤 문제든 척척 풀어내고 회사가 요구하는 과제를 모두 제출할 수 있는 능력, 열정과 승부욕, 도전, 그럼에도 불구하고 스트레스 받지 않으며 금방 회복하는 성격까지 포함된다. 조직이 준비할 건 연봉계약서라는 레드카펫뿐이다. 개인들은 실력을 갖춰야 한다는 이유로 기꺼이 갈려 나가고, 때로 도태되는 자신을 책망하고 원망한다. 실력이라 이름 붙은, 혹독한 자기계발과 자기책망의 굴레다.

• 박민제 에디터, "[팩플] "어서와 글로벌은 처음이지?" 와우 소리 나오는 라인 WOW 네카라쿠배 성장의 비밀③",《더중앙플러스》, 2021. 11. 24.

왜 테크 업계는 대량해고를
밥 먹듯 할까

★ ★ ★ ★ ★

2022년은 실리콘밸리에 '해고 칼바람'이 몰아닥친 해로 기억될 것이다. 2022년 11월 3일, 트위터가 직원의 절반가량을 해고 통보한 데에 이어 메타, 아마존 등 거대 글로벌 테크 기업에서 잇따라 직원을 해고했기 때문이다. 그중에서도 트위터 해고 사태는 여러모로 커다란 파장을 일으켰다. 테슬라의 최고경영자인 일론 머스크가 트위터를 인수한 지 일주일도 채 지나지 않아 일어난 대규모 해고였던 데다 부지불식간에 일어났기 때문이다. 해고 대상이 된 직원의 계정은 하루아침에 사내시스템에서 차단되었고, 시스템에 접속할 수 없었기 때문에 그들은 모두 해고 통보를 개인 메일로 받아야만 했다. 수천 명의 사람이 말 그대로 하루아침에 잘렸다. 이 과정에서 어처구니없는 일도 벌어졌다. 사측이 해고 통보 메일을 보낸 사람 가운데 해고해서는 안 될 필수인력이 포함되었다는 사실을 뒤늦게 인지한 것이다. 머스크는 이들에게 다시 돌아와달라고 간청해야 했다. 이번 해고 사태가 번갯불에 콩 구워 먹는 형국으로 진행되었음을 명확히 보여주는 사례였다.

머스크는 이 같은 대규모 해고가 트위터의 수익성을 개선하기 위해 꼭 필요한 절차였다고 강변했다. 실제로 트위터의 적자는 고질적인 문제였다. 사용자는 매해 늘고 있었으나 광고산업이 위축되어 매출이 감소했기 때문이다. 그러나 2022년 2분기 발표된 트위터의 적자는 머스크와도 관련이 있었다. 머스크가 트위터를 인수한 건 2022년 10월의 일이지만, 최종 인수하기 이전에도 인수를 논의하다가 한 차례 파기선언을 한 바 있었기 때문이다. 누구에게 경영권이 넘어갈지 모르는 상황 속에서 광고주들의 심리가 위축되었다는 것이 트위터 측의 분석이다.

트위터에 이어 페이스북과 인스타그램 서비스를 운영하는 메타도 대규모 구조조정을 감행했다. 13%의 임직원을 감축한다고 밝혔고, 실제 해고된 노동자는 11,000여 명에 달했다. 메타 역시 트위터와 마찬가지로 적자 행진을 기록하던 중이었다. 다만 사용자 수가 증가 추세였던 트위터와 달리, 페이스북은 실제 사용자 수도 감소세를 보였다. 글로벌 시장조사 기관 스태티스타가 집계한 바에 따르면 2022년 2분기 페이스북의 전세계 월간활성이용자 수는 29억 3,400만 명으로, 2022년 1분기 대비 200만 명 감소했다.[•] 국내에서도 젊은 세대를 중심으로 페이스북 이용자가 눈에 띄게 줄어들었다. 한국언론진흥원 발표에 따르면 2019년 국내 10대 청소년의 80.3%가 페이스북을 사용했지만, 고작 1년이 지난 2022년에는 46.1%로 급락했다.^{••} 인스타그램 등 다른 플랫폼의 이용자를 합산하더라도 썩 낙관할 수 없는 성장세다.

메타의 적자 행진에는 다양한 이유가 있었지만, 그중에서도 가장 큰 원인으로 '리얼리티 랩'이 지목됐다. 리얼리티 랩은 가상현실/증강현실VR/AR 서비스를 개발하기 위해 설립된 사내 연구소로, 스파크 AR^{Spark AR} 등의 서비스를 출시했다. 누구든 원하는 AR 이미지를 효과적으로 만들고 공유할 수 있는 플랫폼이었지만, 대중의 반응은 썩 좋지 않았다. 2022년 하반기 리얼리티 랩의 매출은 작년보다도 절반 아래

- 오규진 기자, "페이스북 국내 월 이용자 2년여만에 25% 줄어…정체·감소 지속", 《연합뉴스》, 2022. 08. 19.
- • 김은성 기자, "한물간 페이스북?…월 이용자 수 1000만명 무너졌다", 《경향신문》, 2023. 03. 09.

로 감소했고, 적자는 36억 7,000만 달러(한화로 약 5조 원)를 기록했다.●

페이스북이 회사의 이름을 메타로 변경한 것도 리얼리티 랩과 관련 있다. 페이스북 설립자인 마크 저커버그는 '메타버스Metaverse'를 차세대 먹거리로 선택했고 이를 사업화하는 데 주력했다. 플랫폼을 개발할 뿐만 아니라 VR을 즐길 수 있는 별도의 헤드셋을 위해 관련 기업을 인수하고 화상회의 솔루션을 출시한 것도 이 때문이다. 수많은 결과물을 냈지만 리얼리티 랩은 꾸준히, 그리고 어마어마한 적자를 기록했다. 이 와중에 저커버그는 메타버스 서비스가 반드시 급성장할 것이라며 홀로 장밋빛 전망을 그리고 있었다. 그랬던 그가 대규모 구조조정을 감행해야 할 때가 오자, 지금까지 회사의 성장에 지나치게 낙관적이었음을 자인했다.●●

미국 실리콘밸리의 해고는 트위터, 메타에서 그치지 않았다. 뒤이어 아마존도 대규모 구조조정을 예고하고 곧바로 1만 명 이상의 임직원에게 해고를 통보했다. 미국 테크기업의 해고 현황을 보여주는 웹사이트 레이오프에 따르면,

● 김성현 기자, "메타, S&P500 최하위…"메타버스 사업 우려"", 《지디넷코리아》, 2022. 11. 04.
●● 옥기원 기자, "저커버그, 메타 직원 수천 명 해고하며 "과도한 낙관주의에 책임감"", 《한겨레》, 2022. 11. 09.

2022년 미국 테크기업에서 해고된 노동자는 10만 명이 넘는다.[*] 국내에서도 익히 들어봤을 호텔 예약 서비스 부킹닷컴과 운전자 매치 서비스 우버 등도 수천 명의 노동자를 잘랐다.

─── 정리해고가 일상적인 테크 업계의 풍경

기술은 사람에게서 나온다. 책상과 의자, 컴퓨터 같은 기본적인 집기 외에 필요한 원자재가 따로 없기 때문이다. 개발진을 고용하면 서비스를 만들 수 있다. 물론 서버나 네트워크 등에 소요되는 인프라 비용은 필수이고 여기에 마케팅비 등도 들어갈 것이다. 하지만 기술의 핵심은 결국 '인력'이다. 실제로 2022년 기업분석전문 한국CXO연구소가 발표한 바에 따르면, 자동차나 식품 등 타 업종에 비해 테크 업종의 인건비가 가장 높았다. 국내 IT 서비스 가운데 규모가 가장 큰 카카오와 네이버의 경우, 2021년도 영업비에서 인건비가 차

● 사이트에 따르면 2023년 5월 현재 715개 테크 기업이 199,889명을 해고했다. 연말 집계까지 완료되면 숫자가 훨씬 늘어날 것을 짐작할 수 있다. https://layoffs.fyi 참조. (2023년 5월 30일 접속)

지하는 비율이 각각 24.3%와 11.1%를 기록했다.[•] 서비스의 상당 부분을 개발진의 직접 노동에 의존하고 있는 테크 업계의 특성상, 이들은 성장하려 할 때 사람을 미친 듯이 확보하고 조금이라도 침체되면 우수수 잘라낸다.

확실히 경기는 침체되었고 불황은 심화됐다. 투자심리는 얼어붙었고 주식도 요동친다. 그러나 이 모든 위기 상황을 참작한다 하더라도 연달아 이어지는 대규모 해고 사태에서 경영진이 책임 있게 행동했다고 보기는 어렵다. 메타의 저커버그는 기업의 손실로 인해 수조 원에 달하는 돈을 잃었다고는 하지만, 어디까지나 현금화되지 않은 주식의 사정이다. 트위터를 인수한 머스크는 인수하는 데 투입된 비용을 메우기 위해 직원을 자른 것이라고 회자된다. 그들은 고집 있는 경영을 내세우면서도 단 한 주도 잃지 않았다. 그러나 그들과 달리 경영에 참여할 권리가 없는 직원들은 자기 자리에서 열심히 일했음에도 일자리를 잃었다.

경영진은 종종 그들이 오판한 대가를 직원에게 전가한다. 국내에서도 비슷한 광경을 목도한 바 있다. 경영진의 잘못된 판단으로 200여 명의 직원이 고작 5년 사이 다른 회사로

• 여이레 기자, "한국 CXO연구소 "국내 IT업체 인건비 부담 가중"", 《매일일보》, 2022. 05. 04.

두 차례나 팔려 다닌 사건이었다. LG그룹 계열사 중 IT 사업을 주로 담당하는 LG CNS는 2013년 자회사인 LG엔시스로부터 금융자동화사업부를 사들였다. 그러나 몇 년이 채 지나지 않은 2017년, LG CNS는 그룹 계열사가 아닌 완전히 다른 회사에 조직을 통째로 매각했다. '금융자동화'라는 말이 다소 생소하고 어려워 보일 수 있다. 금융자동화사업부가 하는 일의 정체는 바로 누구나 한 번쯤 사용해봤을 ATM 기의 제조다. 은행에서 돈을 입출금할 때 사용하는 그 자동 입출금기 말이다. LG CNS 경영진이 처음 LG엔시스로부터 사업부를 사들일 때는 나름대로 기대가 있었다. LG CNS의 주요 고객 중 하나가 은행이었기 때문이다. 경영진은 종전에 은행을 대상으로 해왔던 차세대 금융 시스템 개발 등의 사업과 ATM 제작을 융합해 금융권에 '토털솔루션'을 제공하겠다는 원대한 목표를 세웠다. 그러나 금융자동화사업부를 인수한 이후에 인터넷뱅킹이 활성화되면서 ATM 생산실적도 눈에 띄게 떨어져버렸다. 금융자동화사업부의 매각이 논의되기 시작한 것도 이때다.

사업부문 매각이 공식화되자 부문 소속 직원들은 제각기 여의도 전경련회관 앞에서 피켓을 들고 섰다. 당시 LG CNS 본사가 전경련회관에 입주해 있었기 때문이다. 임직원의 목소리를 전하고 항의하기 위해 모였으면서도, 그들은 이날 시위를 위해 미리 휴가를 올렸다. 시위하러 연차를 내고 온 것이다. 제각기 개인 휴가를 사용하면서 온 본사였지만 인사팀은 이마저 용인하지 않았다. 직원들이 상신한 휴가신청서를 일부러 승인하지 않은 것이다. 당시 보도에 따르면 LG CNS의 인사업무총괄이 해당 사업부 직원들에게 연차를 사용하지 말라는 메일을 발송했다고 한다.•

연차를 써서라도 시위하겠다는데도, 게다가 연차를 어떻게 사용하든 그건 엄연히 노동자의 권리임에도 인사팀이 월권을 행사한 것이다. 직원들이 본사 앞 시위까지 감행하며 요구한 건 매각 반대가 아니라, 매각 이후의 고용보장이었다(인수 이후 트위터에서 일어난 대규모 해고를 보라). LG CNS는 금융자동화사업부 매각에 대해 "관리상의 효율을 높이고 전문화된 사업영역에 역량을 집중하기 위해서"라고 설명했다. 금융계의 토털솔루션을 판매하겠다는 경영진의 판단을 고작 몇 년 사이에 손바닥 뒤집듯 바꿔버린 것이다.

경영진은 이런 결정을 내릴 때마다 기업의 이익을 늘리고 더 큰 손실을 막기 위한 조치라고 주장한다. 하지만 결정에 따른 책임을 져야 할 사람은 직원이 아니지 않나. 멀쩡히 일

• 유은주 기자, "탄압·통제·협박…창업주정신 엇박자 CEO 김영섭", 《스카이데일리》, 2017. 09. 22.

하다 몇 년 사이에 두 번이나 회사를 옮겨야 했던 이들이 어떤 대우를 받았나. 이런 일은 총체적으로 누가 판단하며 판단의 대가는 누가 어떻게 치르는가.

—— **낙관주의의 결과를 감당하는 건 누구인가**

저커버그는 자신의 낙관을 자인한다고, 자신이 지나친 낙관주의에 빠져 있었다고 고백했다. 실제로 실리콘밸리의 유명 대기업 중 대량해고 바람을 피한 곳은 애플뿐이었다. 테크 업계가 모두 공격적으로 채용을 확대할 때 애플만이 채용 규모를 늘리지 않았기 때문이다. 아마존이 50만 명을 신규 채용할 때 애플이 채용한 인원은 1만 명 남짓이었다. 전문가들은 애플이 경기가 좋을 때 낙관주의에 휘둘리지 않고 자사 규모를 차근차근 유지한 덕택에 해고 칼바람도 피해갈 수 있었다고 분석했다.

낙관주의는 저커버그만의 문제가 아니다. 같은 기간 인력을 두 배 이상 늘린 아마존도 오판한 대가를 톡톡히 치르고 있다. 실제로 테크 업계는 서비스를 개발하는 데 있어 낙관적인 태도를 우선시한다. 지금 당장 명확한 수익구조를 만들기보다, 일단 사용자를 끌어모아 시장에서 서비스가 성공할 수 있다는 가능성을 입증하는 데 주력해야 한다는 것이 일반적인 인식이다. 실제로 많은 테크 기업이 '최소한의 기능을 가진 서비스'를 빠르게 출시하고 이를 토대로 또 다른 가설을 세워 기능을 구현하는 프로세스를 갖고 있다.•

이런 방식은 실패를 용인하고 도전을 두려워하지 않는 태도를 높이 평가하는 문화를 반영한다. 그러나 동시에 방향성을 깊이 고민하지 않고 단 하나라도 시장성에 들어맞는 길을 찾아보는 데 주력한다는 의미이기도 하다. 한마디로 하나의 문을 열기 위해 백 개, 천 개의 열쇠를 만들어내는 것이다. 그 가운데 단 하나라도 구멍에 들어맞아 잭팟이 터지기를 기대하면서. 테크 업계가 가진 낙관주의의 이면에는 '뭐든 하나만 대박 나면 된다'는 한탕주의가 숨어 있다. 서비스가 작동하는 산업이나 생태계가 어떤지, 이 문을 열었을 때 생태계에 어떤 영향을 미칠지, 그 가운데에서 어디로 방향을 잡을지 깊이 있게 토론하는 것은 구식의 것으로 여겨진다. 지금 당장 할 수 있는 일부터 빠르게 시작하고 제품을 낸 다음 피드백 받는 것을 우선한다.

이런 프로세스는 대체로 '애자일Agile' 모델에 근거한다.

• 업계에서는 '최소한의 기능을 가진 서비스(Minimum Viable Product)'를 MVP라고 줄여 부른다. 최소의 기능만으로 빠르게 사용자를 확보하는 게 최선이라는 업계의 마인드를 잘 보여준다.

애자일 모델이란 프로젝트의 방향성이 결정되기 전에 작게나마 결과물을 만들어보고, 이를 토대로 다음 프로젝트를 결정하는 전략을 가리킨다. 일반적으로 3~4주 정도의 짧은 개발주기를 반복하며 결과물을 다듬거나 폐기하고 또 다른 결과물을 만들어낸다. 그러나 그 과정에서 결과물이 시장에 어떤 영향을 끼치고 있는지, 어떤 위치에 놓여 있는지, 그리고 반복적인 프로세스 안에서 노동자가 어떻게 소모되는지는 논의하지 않는다. 빠르게 검증하고 피드백을 종합해 새로운 서비스를 만들어내야 하기 때문이다.

테크 업계에 있어서만큼은 프로젝트가 결과물을 만들어내는 것이 아니라, 결과물이 매순간 다음 프로젝트를 결정한다. 주기를 정해놓고 반복적으로 수행되는 과정 속에서 생태계에 대한 진지한 성찰이나 서비스를 만들어내는 노동자에 대한 책임감 같은 건 배제되어 있다. 딱 하나만 터지기를 기대하는 마음이 시장에 가득하고, 저마다 로켓을 타고 치솟아오르듯 상향하는 주식가치만을 욕망한다.

스타트업의 창업자들은 대부분 자신의 기업을 로켓이라고 표현한다. 그러나 로켓의 종착지는 새로운 가치가 아니라 주식차트인 것 같다. 투자와 상장, 엑시트 등의 용어를 제외한다면, 우리는 자사를 로켓이라 부르는 스타트업 기업가들에게 어디를 향해, 그리고 무엇을 위해 로켓을 발사하는

지 한 번도 물어보지 않았다.

분명히 기술은 사회를 변화시킨다. 그러나 그게 정말 좋은 방향이었는지는 더 깊이 생각해봐야 할 문제다. 사람들은 배달 앱 덕분에 배달음식을 더 빨리, 간편하게 먹을 수 있었지만, 그 결과 일회용품 소비량은 훨씬 더 늘어났다. 2020년 배달 용기와 테이크아웃 용기의 생산량은 11만 957톤으로, 코로나19 팬데믹 이전보다 약 20% 증가한 수치다.● 터치 몇 번만으로 음식을 주문할 수 있지만, 그렇게 배달된 쓰레기는 몇백 년이 지나도 지구에서 사라지지 않는다.

페이스북 메신저, 카카오톡, 인스타그램 DM 등의 메신저 서비스도 마찬가지다. 사람들은 메신저 앱을 통해 더욱 빠르고 쉽게 메시지를 주고받을 수 있다. 하지만 그것이 우리에게 과잉 연결에 따른 피로감을 안기는 건 아닌지 질문할 필요가 있다. 무엇보다 많은 여성이 SNS를 통해 모르는 이에게 협박을 당하고 성범죄에 노출되고 있음을 생각하면 더욱 그렇다.

기술이 사회를 변화시킨다는 말에는 좀 더 복잡한 속내가 들어 있다. 테크 업계는 사회가 기술에 더 많이 의존하기

● 팀 지구용 기자, "쏟아지는 일회용품…널 어쩌면 좋을까[지구용]", 《서울경제》, 2021. 10. 30.

를 바란다. 사람들이 항상 접속해주기를, 무언가 올려주기를, 그리고 이 모든 것을 통해 더 많은 돈을 벌 수 있기를. 방향성은 나중에 결정해도 된다는, 일단 서비스가 성공 가능성을 입증하기만 하면 된다는 낙관주의에 맹목적인 한, 우리는 서비스가 불러일으키는 영향력에 무감해지고 무책임해진다. 서비스를 만들어내는 테크 업계 노동자들조차 마찬가지다.

불안과 시간빈곤이 그리는
러닝커브

★ ★ ★ ★ ★

언젠가 여성 개발자의 일과 삶에 대해 강의를 한 적이 있다. 질의응답 시간이 되자 한 수강생이 망설이다 손을 들고 이렇게 질문했다. "어떤 사람이 개발자를 하는 게 좋을까요?" 대답을 고르기 앞서 말이 먼저 튀어 나갔다. "끊임없이 공부하는 걸 좋아하는 사람이요." 내게 질문했던 이는 대답을 듣고 나서 짧게 탄식했다. 그땐 그의 탄식이 무슨 뜻인지 빨리 알아차리지 못했다. 개발 트렌드가 너무 빨리 바뀌기 때문에 어쩔 수 없다며 부연 설명을 했지만, 어쩐지 말해놓고도 마음이 개운하지 않았다.

　그 강연으로부터 시간이 좀 더 흐른 뒤에 한 컨퍼런스를 구경할 기회가 생겼다. 테크 업계로 이직하기를 희망하는 여성을 대상으로 한 행사였다. 이번엔 연사가 아니라 청중으로 참여했다. 연사들의 발표가 끝난 뒤 한 사람이 "IT 기업에 입사하기 위해 어떤 자세가 필요할까요?"라고 물었다. 그러자 이번에도 연사들은 입을 모아 이렇게 대답했다. "항상 트렌드를 놓치지 않고 새로운 것을 기꺼이 받아들이고 배우려는 자세요."

사실 이런 태도는 어느 업종의 누구에게라도 도움이 된다. 그러나 테크 업계에서 유난히 이런 성향이 강조되는 맥락은 조금 다르다. 공부를 하면 더 나은 능력을 얻어낼 수 있어서가 아니라 공부를 하지 않으면 커리어 전선에서 순식간에 미끄러지기 때문이다. 테크 업계에서는 너무나 많은 것이 순식간에 바뀐다. 내가 처음 업계에 발을 들였을 때만 해도 자바스크립트를 누가 쓰냐는 비판을 귀가 따가울 정도로 들었다. 대안으로 논의된 건 제이쿼리jQuery였다.● 사내에서 제이쿼리를 공부하는 스터디모임도 정례화되었다. 그로부터 수년이 지난 지금, 제이쿼리를 이야기하면 많은 이가 고

● 웹사이트 작업에서 자바스크립트를 보다 쉽게 사용할 수 있게 해주는 오픈소스 기반의 자바스크립트 라이브러리. 수년 전에는 자바스크립트를 대체할 수 있는 라이브러리로 각광을 받았지만, 여러 기술적인 이슈로 인해 현재는 거의 쓰지 않는다.

개를 절레절레 젓는다. 아직도 그걸 쓰냐는 것이다.

기술 트렌드를 알고 싶으면 스타트업 채용공고를 보라는 말도 있다. 채용공고마다 필요한 기술 스택을 자세히 기술해뒀기 때문이다. 자바 개발 경력 3년 이상, 웹서비스 운영 경험 1년 이상…. 채용공고를 넘기다 보면 어떤 기업에서 무슨 언어를 사용하는지 빠르게 파악할 수 있다. 워낙 기술변화가 빠른 업계다 보니 전세계적인 기술동향도 정기적으로 집계되어 발표된다. '티오베 지수Tiobe Index'가 대표적으로, 소프트웨어 개발코드 품질관리 기업인 티오베가 매월 개발언어 사용현황을 집계해 발표한다. 연간도 분기도 아니고 월간이라는 데서 개발동향이 얼마나 빠르게 변하는지 짐작할 수 있다.

그러나 기술의 변화속도가 빠르다 하더라도 그 속도를 누구나 계속 따라잡아야만 하는 건 아니다. 변화하는 기술을 한 발짝 밖에서 관조하면서 우리 환경에 맞는지 충분히 검토하는 것도 필요하다. 그렇지만 아무도 느리게 가자고 말하지 않는다. 모두의 등 뒤에서 세찬 바람이 떠미는 것처럼 사람들은 신기술을 향해 발자국을 떼야 한다. 강연에서 '끊임없이 공부하는 걸 좋아하는 사람'이라 대답한 걸 후회한 것도 이 때문이다. 그런 말을 하는 나조차 트렌드를 따라가기 버거웠다. 신기술을 공부하는 게 지겹고 짜증났다. 그럼에도 불구하고 나는 나서서 이 문화를 정당화하고 있었던 것이다.

열정착취의 다른 이름, 러닝커브

나는 언제나 신기술을 좇아 새로운 개발언어를 공부해야 한다는 강박에 시달렸다. 나뿐만 아니라 회사의 모두가 언제나 공부하고 있었다. 구글, 아마존 등의 로고가 큼지막하게 인쇄되어 있는 후드집업은 컨퍼런스에 참여한 이들에게 나눠주는 기념품인데, 이런 것도 학습에 대한 열정을 드러내는 품목이었다. 내가 얼마나 많은 컨퍼런스에 주도적으로 참여하고 있는지 간접적으로 알리는 것이다. 대다수의 회사 선배는 매년 테크 컨퍼런스에 꼬박꼬박 참여했다. 대개 출장을 내고 참석했지만, 소규모 세미나나 컨퍼런스 같은 경우에는 연차까지 써가며 다녀왔다. 그들 중 학습실적이 우수한 이는 회사가 경비를 제공하는 조건으로 해외 컨퍼런스에 참석할 기회를 얻었다.

많은 선배가 신기술 동향을 탐색하고 찾아본 내용을 정기적으로 조직에 공유했다. 트렌드를 학습하는 문화가 워낙 강세다 보니 조직마다 학습 모임도 활발하게 운영됐다. 부서에서 하는 모임이 있는가 하면, 본부별 학습 모임이나 직급별 스터디도 있었다. 나는 이 가운데 세 개의 스터디에 참여하고 있었다. 하나는 운영체제를 공부하는 모임이었고, 다른 하나는 IT 영어회화 스터디였으며, 마지막은 새로운 프론트엔드 개발언어를 공부하고 실습하는 모임이었다. 그때는 매일이 일과 공부의 연속이었다.

이는 특정 회사만의 문화가 아니다. 2021년 매일경제에서는 현직 개발자 10명을 대상으로 인터뷰를 진행했는데, 기사에서도 이런 분위기를 엿볼 수 있다. 여기엔 토스, 배달의민족, 직방, 당근마켓 등 주요 IT 플랫폼 회사에서 일하는 개발자들이 인터뷰이로 참여했다. 인터뷰이들은 저마다 "개인시간의 50% 정도를 업무 관련 자기계발에 쓴다." "최소 매일 프로그래밍 관련 아티클 두 개를 읽고 스크랩한다. 기술 관련 책도 매달 한 권씩 본다."고 언급했다. 회사를 다니면서 별도로 컴퓨터공학 전공 과정을 이수하기 위해 방송통신대에 등록한 이도 있었다.●

"기술은 계속 발전한다. 따라가지 못하면 도태된다." 인터뷰이가 기사에서 언급한 말은 테크 업계의 정설이다. 트

● 나건웅·김기진·반진욱 기자, "현직 개발자 10명에게 들어보니⋯비전공자도 OK, 평생공부는 '부담'", 《매일경제》, 2021. 04. 28.

렌드를 선도해야 하는 테크 회사로서 기술을 쫓아가는 것이 당연하다 여겨졌는지도 모른다. 그러나 그 당연하다는 사실이 어마어마한 스트레스와 강박으로 다가오기도 하고, 때로는 업무상 차별로 이어지기도 한다. 바로 '러닝커브Learning Curve'라는 이름으로 말이다.

러닝커브는 테크 업계에서 흔히 쓰이는 용어다. 직역하면 '학습 곡선'인데, 업계에서는 신기술을 학습하는 데 소요되는 시간을 의미한다. 프로그래밍 언어마다 난이도가 다르고 사람마다 배우는 속도가 다르니 누가 어떤 기술을 공부하느냐에 따라 러닝커브도 다르게 그려진다. 러닝커브가 가파른 사람은 학습속도가 빠르다고, 완만한 사람은 학습속도가 느리다고 평가받는다. 많은 테크 회사가 신규 인력을 충원할 때 러닝커브와 관련한 조건을 채용공고에 기재한다. 새로운 기술을 빠르게 학습할 수 있는 분, 학습과 성장에 대한 열정이 있는 분, 배움을 즐기는 분…. 자격요건에 빠지지 않는 내용이다 보니 면접을 볼 때도 단골로 날아든다. 가장 최근에 공부한 건 무엇인가요? 그 기술을 어느 정도 구현할 수 있으며 학습에 몇 개월이나 걸렸나요? 학습한 내용을 프로젝트에 적용해본 적이 있나요? 상황이 이렇다 보니 재직 중인 회사에서 인정을 받는 것뿐 아니라 이직을 하기 위해서라도 공부를 멈출 수 없다.

러닝커브는 곧잘 개인이 가진 열정과 능력의 바로미터가된다. 그러나 사실 러닝커브가 오롯이 개인의 역량에만 좌우되는 건 아니다. 개발 영역에 따라 편차가 크지만, 유지보수 개발자들이 근무시간에 마주하는 건 대체로 '레거시 코드Legacy Code'다. 이전의 개발자들이 남겨놓고 간 고대 유물과도 같다고 해서 이런 이름이 붙었다. 레거시 코드는 시스템이 개발되었던 초창기에 작성된 것부터 그 이후에 시스템을 수정하며 조금씩 추가된 것까지, 그 모두를 일컫는다. 오래전에 개발되었기 때문에 대체로 아주 옛날의 기술을 기반으로 한다.

내가 열어본 레거시 코드 중 가장 오래된 것은 무려 2002년에 작성된 코드였다. 내가 중학생일 적에 개발되었던 그 시스템은 어디를 어떻게 손대야 할지 모를 정도로 소스코드가 정돈되지 않아 엉망진창이었다. 2002년 이후로도 꾸준히 코드가 덧붙긴 했지만, 그 코드가 기반하고 있는 프레임워크 자체가 워낙 오래돼서 최신 라이브러리는 단 하나도 적용할 수 없었다.

여기에서 하나의 아이러니가 발생한다. 뒤쫓아가야 하는 기술은 하루가 멀다 하고 저만치 앞서 나가는데, 정작 업무시간에 대면하는 코드는 10년도 더 이전의 것이라는 점에서다. 이건 개인의 역량으로 극복할 수 있는 게 아니다. 신기술을 학습하고 이를 곧바로 업무 환경에 적용할 수 있는 분야가 있는 반면, 그렇지 않은 영역도 있는 것이다. 전자라면 학습과 업무가 시너지를 일으켜 빠르게 성장할 수 있겠지만, 후자는 쉽지 않다. 오래된 레거시 코드와 씨름해야 하는 개발자들에게는 업무 환경과 신기술 사이의 간극이 너무 크기 때문이다. 신기술을 다루는 이는 가속도가 붙어 더 빠르게 치고 나가고, 그렇지 않은 사람은 점차 이직 시장에서 소외된다. 신기술의 빈익빈 부익부 현상이다.

구조적인 시각에서 이 문제를 해결할 정답은 없다. 시스템은 태어난 즉시 늙어가기 시작하고 누군가는 그것을 돌봐야 한다. 시스템에 개발비를 아낌없이 투자하는 기업이라면 그때그때 시스템을 최신화할 수 있겠지만, 모든 기업이 그럴 수는 없다. 낡은 시스템을 보수하는 일에서 누군가 어렵사리 탈출했다 하더라도 기업은 이 자리를 메울 또 다른 개발자를 찾아낼 것이다. 게다가 낡고 오래된 시스템이라 해서 개발난도가 낮은 건 절대 아니다. 오히려 반대인 경우가 많다. 최신 기술 환경에서 제대로 돌아가지 않는 구식 시스템을 어떻게든 기능하게 해야 하니 레퍼런스도 없을 때가 종종 생긴다. 신기술로 개발된 시스템이 아니라 낡고 오래된 시스템을 운영하는 데도 경험 많고 숙련된 개발자가 필요하다.

신기술의 빈익빈 부익부 상황에서 벗어나기 위한 개인 차원의 해결책은 업무 외에 사이드 프로젝트를 하는 것이다. 개발자 커뮤니티에서는 사이드 프로젝트가 적극적으로 권장된다. 업무 환경 안에서 매력적인 이력을 만들기 어렵다면, 업무 외 시간을 할애해 신기술을 적용한 프로젝트를 수행하라는 것이다. 실제로 사이드 프로젝트 수행 이력은 개발자의 이직에 큰 영향을 끼친다. 이런 문화를 반영해 테크업계 직장인의 온라인 커뮤니티 '커리어리'는 사이드 프로젝트 팀원을 구할 수 있는 공간을 별도로 만들기도 했다. 이 안에서는 어떤 사이드 프로젝트가 열리는지 열람할 수 있고 누구나 자유롭게 참여할 수 있다. 다만 학습도, 사이드 프로젝트도 결국 업무 외 시간을 투입해서 해야 하므로 일주일 내내 개발만 해도 시간이 모자랄 것이다.

시간조차 사람마다 평등하지 않다

러닝커브에 영향을 미치는 또 다른 요소는 다름 아닌 시간이다. 앞서 잠깐 이야기했듯이 새로운 기술을 공부하는 것과 별개로 근무시간에는 본업을 해야 한다. 따라서 학습은 자연히 휴식시간을 활용해야 하는 과업이 된다. 회사에서 학습 모임을 권장하는 경우조차 예외가 아니다. 선배들은 아침에 1시간씩 일찍 출근해 공부했고, 학습 모임을 운영한다면 점심에 도시락을 시켜 먹으며 함께 코딩했다. 퇴근 후 회의실에 모여 스터디를 하기도 했다. 아무리 학습속도가 빠른 사람이라 하더라도 신기술을 공부하는 데 필요한 절대 시간이라는 게 있기 마련이다.

그러나 누구에게나 주어진다는 시간이 모두에게 똑같은 건 아니다. 연령과 성별, 노동 유형과 강도에 따라 자유시간이 절대적으로 부족해 '시간빈곤'에 시달리는 사람이 많다. 특히 여성은 시간빈곤율이 압도적으로 높은 상황에 처해 있다. 이와 관련한 논문인 〈시간빈곤인의 노동시간 특성에 관한 연구〉는 이 같은 현상을 밀도 있게 분석하고 있다. 연구에 따르면 30대 여성의 시간빈곤율은 34.38%로, 30대 남성의 시간빈곤율인 25.63%에 비해 현저히 높았다. 30대 여성에서 보이는 시간빈곤율은 20대 여성에 비해서도 높다. 20대 여성은 26.91%였고, 20대 남성은 17.07%의 수치를 보였다. 특기할 점은 모든 연령대에서 여성이 남성보다 시간빈곤율이 높다는 사실이다. 여성이 남성보다 훨씬 더 시간 부족에 시달리는 현상을 두고 연구자는 "육아/가사와 노동의 병행"을 원인으로 추측했다.•

사람은 시간을 통과하지 않고서는 어떤 활동도 할 수 없다. 학습이 절대시간을 필요로 하는 만큼, 출산과 육아·가사 노동도 똑같이 시간을 필요로 한다. 하루 24시간을 아무리 쪼개도 잠은 자야 하고 밥은 먹어야 한다. 이를 필수생활시간이라 한다. 여기에 업무시간을 더하고 통근시간까지 합치면 손 안에 떨어지는 건 많아 봐야 서너 시간. 그 시간을 아이와 함께 보낼 것인가, 공부에 투자할 것인가. 내가 보았던 많은 경우, 러닝커브는 이 지점에서 결정되곤 했다. 채용 과정에서 업무뿐만 아니라 배움에 대한 열정을 보겠다는 건 얼핏 가치중립적으로 보인다. 그러나 현실을 좀 더 파고들면, 여기에도 수많은 불평등이 숨어 있다.

테크 업계에 만연한 학습문화를 지배하는 건 불안감이다. 어딘가 재직 중이거나 프로젝트에 투입된 상태로 계속 개발을 하고 있는 사람도, 휴직했거나 잠시 일을 쉬고 있는 사람도 정도에 따라 약간씩 다를 뿐 모두 자신의 업무역량이 하락한다고 여긴다. 새로운 기술은 계속해서 등장하고 트렌드는 쉼 없이 변화하니까. 개발자들은 특별히 학습을 하거나 사이드 프로젝트를 하지 않는 이상, 스스로 성장한다고 여기지 않는다. 개발자라면 기술학습을 즐기는 게 당연하

● 신영민, 〈시간빈곤인의 노동시간 특성에 관한 연구〉, 《노동정책연구》 제21권 제2호, 한국노동연구원, 2021, 37~68쪽.

다 여기는 문화 속에서, 개발자들은 일상을 소모하며 개발에 더 많은 시간을 쏟는다. 끊임없이 발전하는 기술은 곧잘 로켓이나 우주선에 비유되지만, 노동자 입장에서 이는 결코 멈추지 않는 트레드밀과 같다. 아무리 달려도 나아가기는커녕 현상유지나 다름 없고, 잠깐 쉬자니 금세 저만치 밀려나 버리는 무한 달리기의 장. 그러나 이곳에선 달리는 게 지극히 당연한 일이라며 서로를 강력하게 추동한다.

얼마 전에 내가 속한 온라인 개발자 커뮤니티에서 한 주니어 개발자가 "회사에서 개발하고 있는데 실력이 부족하다고 여겨져 개발을 더 공부해야 할 것 같다. 그러나 야근이 많고 통근시간이 길어 평일에 공부할 시간을 내기 어렵다. 이럴 때 어떻게 해야 하냐"고 조언을 구했다. 이미 모든 시간이 꽉 차 있는 듯 보여서 할말이 없었는데, 다른 사람들이 저마다 "잠을 줄여라." "통근시간을 활용하라."고 조언하는 걸 보고 마음이 답답해졌다. 이미 그들도 그렇게 잠을 줄여 공부를 하고 있다고 했다. 12시간 일하고 2시간 통근하지만 잠을 조금씩 줄여 개발을 공부하고 주말에는 사이드 프로젝트를 하는 이런 일상이 정말 괜찮은 걸까?

불안에 잠식된 시간을 이제는 끝낼 수 있을까

그 마음을 모르는 바는 아니다. 나 역시 공부를 하지 않으면 안 된다는 불안에 끊임없이 시달렸다. 특히 아기를 낳고 난 직후가 최고조였다. 당시 나는 웹 개발자로 일했는데, 시장에서는 모바일 앱 개발자에 대한 수요가 높아지던 참이었다. 커뮤니티마다 이제 웹 개발자의 시대는 갔다는 말이 무성하게 떠돌아다녔다. 출산휴가 3개월과 육아휴직 1년을 낸 상태였던 나는 그 시간 동안 육아만 하는 게 정말 옳은 결정인지 고민하다 자꾸만 불안감에 빠져들었다.

그렇다고 마냥 마음을 졸이는 것보다 무엇이라도 하는 게 나았다. 산후조리원에 짐을 풀자마자 노트북을 켜고 안드로이드 앱 개발 책을 펼친 건 그 때문이었다. 그 이후 집으로 돌아와서도 아기에게 분유를 먹이고 기저귀를 갈아주는 틈틈이 프로그래밍 책을 읽었다. 그러나 그렇게 공부를 했어도 정작 이력서에 한 줄이라도 넣을 프로젝트가 없는 1년의 시간은 나를 영원히 따라다니며 발목을 잡을 것만 같았다. 이런 경험은 나만의 것이 아니었다. 육아휴직 중에도 육아에 집중하지 못하고 아이를 돌보면서 매일 개발을 공부했다는 여성들의 증언은 생각보다 많다.

일과 가정의 양립조차 제대로 이뤄지지 않는 상황에서 테크 업계의 개발자들은 없는 시간을 쥐어짜 학습까지 '삼립' 하기를 요구받는다. 선택은 개인의 몫이다. 비혼을 결심하는 이가 있는가 하면, 가사와 육아를 다른 이에게 맡기며 버텨내는 사람도 있다. 나는 필수생활시간의 최소화를 선택했다. 앞서 조언한 사람들의 말마따나 그때의 나도 수면시간을 2~3시간 줄여 아침 일찍 일어나 출근 전 시간을 활용했고, 통근시간에 점심시간까지 총동원해 틈틈이 공부했다. 밀도를 최대한 높여 의미 없이 빠져나가는 시간을 틀어쥐려 안간힘을 썼다. 하지만 결국 내 러닝커브를 바꿔 그릴 수는 없었다. 그렇게 했어도 후회가 남았다. 그때 공부를 더 많이, 훨씬 치열하게 했다면 이런 마음을 가지지 않았을 것이라는 생각에 곧잘 사로잡혔다. 나는 일터에서 일을 잘해내는 동시에 개인 역량도 키우고 싶었고, 무엇보다 아이와 즐겁고 행복한 시간을 충분히 누렸으면 했다. 그러나 매년 남는 건 모래알 같은 허무함뿐이었다.

마지막으로 고백하자면, 이 글을 쓰다가도 나는 멈칫하며 비주얼 스튜디오 코드Visual Studio Code•를 수도 없이 켰다가 껐다. 지금 글을 쓰고 있어도 되는 걸까? 이 시간에 개발

• 마이크로소프트에서 제작한 오픈소스 개발 도구로, 누구나 무료로 사용할 수 있다. 일반적으로 'VScode'라 줄여 부른다.

공부를 더 해야 하는 건 아닐까. 불안한 마음에 코딩을 하다가 다시 정신을 차리고 글을 이어 썼다. '올해는 정말로 공부하지 말자. 아이와 즐겁게 시간을 보내자.' 이렇게 다짐한 지 반년도 채 지나지 않았는데, 어느새 개발 스터디에 들어가 열성적으로 '공부 인증'을 올리는 나를 발견하고선 침울해졌다. 공부를 붙잡는 마음 아래 요동치는 건 불안과 공포다. 금세라도 내쳐질 것 같다는 불안과 이렇게 하지 않으면 살아남을 수 없을 것 같다는 공포.

유연근무제는
일·가정 양립에 도움이 될까

★ ★ ★ ★ ★

"여기 여자들이 일하기 진짜 좋은 회사야. 특히 애 있는 엄마들." 간혹 헤드헌터나 지인에게 이직 제안을 받곤 한다. 그럴 때마다 언제나 '여자들이 일하기 좋은 회사'라는 꼬리표가 빠지지 않았다. 가끔은 진심으로 궁금했다. 여자들이 일하기 좋은 회사는 대체 어떤 곳일까? 그렇다면 남자들이 근무하기 좋은 회사가 따로 있는 걸까? 왜 그런 말은 하지 않는 걸까. 아마도 이들은 정시퇴근이 가능하고 일의 강도가 크게 높지 않은 회사를 '여자들이 일하기 좋은 곳'이라 부르는 듯했다. 이런 곳의 특징은 안정성이 높고 시간을 유연하게 쓸 수 있지만 연봉이 낮다는 것이었다. 내 첫 이직이 바로 이런

케이스였다.

첫 번째 이직을 고민하던 때 나는 두 군데의 회사에 최종 합격했다. 한 곳은 내가 오랫동안 선망해왔던 회사였고, 직무도 내가 익숙하게 해왔던 일이었다. 다른 곳은 생소했지만 지인의 추천으로 면접을 봤고, 면접을 본 당일 합격 소식을 들었다. 내가 맡을 업무는 개발이긴 했지만 IT가 주력인 회사는 아니었다. 그래서 입사 후의 경력을 어떤 식으로 그려 나갈 수 있을지 가늠하기 어려웠다. 두 군데의 연봉 수준은 엇비슷했지만, 전자가 약간 높았다.

주변 사람들은 모두 첫 번째 회사를 추천했지만, 나는 고민하다가 결국 두 번째 회사에 취업했다. 결정에 가장 큰 영향을 미친 건 근무시간 그리고 집과 회사의 거리였다. 첫 번째 회사는 사업 확장에 박차를 가하고 있는 만큼 야근이 잦았다. 집에서 먼 거리는 아니었지만, 아이의 어린이집 동선을 고려했을 때 효율적인 동선이 나오지 않았다. 반면 두 번째 회사는 오후 6시에 거의 모든 직원이 정시퇴근하는 회사였다. 게다가 아이의 어린이집 바로 앞에 위치하고 있어 급한 일이 생기더라도 빠르게 달려갈 수 있었다. 다만 신기술을 도입하거나 기술 스터디 등이 있는 건 아니었기 때문에 실력 향상을 기대하기는 어려웠다. 그래도 직장과 가정을 병행하기에는 더없이 적절했다.

당시 아이는 막 생후 6개월이 지난 참이었다. 바닥을 엉금 엉금 기어다니고 몸을 수시로 뒤집었다. 돌까지 1년간의 육아휴직을 신청했지만 그때 다니던 회사에서 쫓겨나다시피 했다. 우습게도 그 회사 역시 '여자들이 다니기 좋은 회사'라고 소문난 곳이었다. 갑작스럽게 회사를 그만두고 이직할 곳을 알아보고 있을 때 눈앞에 자꾸만 6개월밖에 되지 않은 아이가 어른거렸다. 출근이 불가피하더라도 가급적이면 아이와 더 오래 시간을 보낼 수 있는 곳으로 가자. 첫 번째 이직은 그렇게 결정됐다.

그 이후로도 여러 회사를 옮겨 다녔다. 때로는 나를 위해서였지만, 대개는 아이를 위한 선택을 하면서. 육아휴직과 정시퇴근이 가능한 회사가 언제나 1순위였다. 남편은 지방 출장이 잦아 때에 따라 수개월씩 집에 들어오지 못했기 때문에 이 두 가지 조건이 필수였다. 그 이후 선택한 회사들은 나름 장점이 많았지만, 처음 사회생활을 시작하며 내가 꿈꿔왔던 진로와는 어쩐지 점점 더 멀어지고 있었다. 게다가 내 연봉은 이직할수록 내리막길을 걸었다. 그땐 그게 온전히 나의 선택인 줄만 알았다. 개발자로서의 성장 대신 평화로운 가정을 선택한 내가 반드시 감당해야만 하는 대가라고.

마미트랙이라는 허상과 차별

나중에야 이런 선택을 '마미트랙Mommy Track'이라 부른다는 사실을 알았다. 커뮤니케이션 연구자 줄리아 우드는 《젠더에 갇힌 삶》에서 마미트랙을 아래와 같이 설명한다.

> 논문에서 슈워츠는 아이를 원하는 여성들에게 기업은 너무 많은 지출을 해야 하므로, 아이 없이 직장 일만 지향하는 여성과 남성에게만 승진 기회를 주고, 아이가 있는 직장여성들은 분리된 트랙을 밟도록 해야 한다고 주장했다. 신문과 잡지는 이것을 '마미트랙(mommy track)'이라고 칭하면서, 여성이 있어야 할 곳은 진정으로 가정이며 여성이 직장에서 더 적은 봉급을 받아야 하는 증거로 슈워츠의 논문을 인용했다. (…) 슈워츠는 나중에 여성이 남성보다 비용이 더 많이 드는 직원이라는 자신의 주장에는 잘못이 있다면서 마미트랙에 대한 주장을 철회했다. 그러나 그 철회는 보도가 거의 되지 않았다. 그녀가 수정한 관점이 여성의 역할에 대한 미디어의 입맛에 맞지 않았기 때문이다. 슈워츠의 마미트랙 철회에 대해서는 보도가 거의 되지 않았기 때문에 많은 사람은 처음 그 논문에 대한 보도를 읽은 대로 그것을 계속 믿게 되었다. •

마미트랙이라는 개념은 처음에 육아하는 여성을 위한 일자리가 별도로 필요하다는 의미로 제안되었다. 육아를 하는 여성에 대한 차별적인 인식이 내재된 개념이었지만, 제안 당시에는 육아기를 고려한 합리적 제도인 것처럼 포장되었다. 이후 마미트랙이 차별적이라는 비판이 이어지자 개념의 쓰임새도 바뀌기 시작했다. 이제는 경력 대신 육아를 '자발적으로 선택한' 여성들의 생애경로를 마미트랙이라 부른다.

2018년 5월 한 유력 일간지는 마미트랙과 관련해 "재택·단축·유연근무 3종세트, '마미트랙' 없앴다"는 제목의 기사를 발행했다.** 프랑스 기업의 한국지사가 여러 근무 형태를 도입하며 여성이 일자리를 포기하지 않아도 되는 환경을 만들어줬다는 내용이었다. 기사에 등장한 기업은 모범적인 사례 같았지만, 제목 자체에 동의할 수는 없었다. 재택·단축·유연근무가 도입되어 있어도 기혼 유자녀 여성이 설 곳 없는 회사도 태반이었기 때문이다.

일반적으로 일·가정 양립에 있어 주로 언급되는 재택·단축·유연근무는 각각 다른 형태의 개념이다. 재택근무는 사

- 줄리아 우드, 《젠더에 갇힌 삶》, 한희정 옮김, 커뮤니케이션북스, 2006, 363~364쪽.
- ●● 이기훈 기자, "재택·단축·유연근무 3종세트, '마미트랙' 없앴다", 《조선일보》, 2018.05.09.

무실이 아니라 집에서 근무하는 형태로, 원격근무와 자주 혼동되지만 엄연히 다르다. 재택근무를 엄격하게 시행하는 회사는 보안 등의 이유로 집 이외의 장소에서 근무하는 것을 허용하지 않기 때문이다. 반면 원격근무는 사무실과 집을 포함해 코워킹스페이스나 카페 등 어디서든지 자유롭게 근무할 수 있는 형태를 일컫는다.

한편 단축근무는 말 그대로 근무시간을 단축해 근무하는 형태를 말한다. 시간제근무와는 다르다. 시간제근무는 매일 몇 시간 근무할지 시간 단위로 계약하는 형태다. 반면 단축근무는 가족 돌봄 등을 이유로 특정 기간에만 근무시간을 주당 15시간 이상 30시간 이내로 조정하는 제도다. 특히 만 5세 미만 아동을 양육하는 양육자나 아이를 임신한 지 12주 이내 또는 36주 이후에 있는 근로자는 하루 최대 2시간을 단축해서 근무할 수 있다(육아기/임신기 단축근무). 즉 9시에 출근해 6시에 퇴근하던 이라면, 단축근무 이후 4시에 퇴근하는 대신 그만큼 급여도 조정된다. 육아휴직 기간을 단축근무로 전환해서 사용할 수도 있다.

유연근무는 이 모든 근무형태를 통칭하는 상위의 개념이다. 노동자가 근무시간과 공간 등을 유동적으로 조정할 수 있는 회사여야 유연근무를 시행하고 있다고 말할 수 있다. 통상적인 근무시간인 오전 9시부터 오후 6시까지가 아니라 자기가 원하는 시간에 근무를 시작하고 마칠 수 있는 제도는 선택근무 혹은 탄력근무 등으로 구체화된다.

국내 유연근무 도입 현황은 매년 고용노동부에서 진행하는 〈일·가정 양립 실태조사〉를 통해 살펴볼 수 있다. 조사 결과를 살펴보면 2019년까지만 해도 유연근무 도입현황이 약 19.4%로 매우 낮았지만, 2020년에는 38.5%로 크게 증가했다. 특히 유연근무의 여러 유형 가운데 시차출퇴근제와 시간선택제가 주로 도입됐다. 이렇게 폭발적인 증가세는 코로나19 확산에 의한 일시적 영향 때문으로 보인다. 2021년에는 다시 27.3%로 약 10%p의 감소세를 보였기 때문이다.●

그러면 노동자들의 반응은 어떨까. 여러 유연근무제도 가운데 가장 활발히 도입되었던 재택·원격근무를 집중적으로 조사한 연구는 재택근무 도입이 노동자들에게도 긍정적인 반응을 얻었다고 보고했다. 2020년 고용노동부에서 발표한 〈재택근무 활용실태 설문조사〉에서는 재택근무를 경험한 노동자 가운데 60.5%가 '대체로 만족'을, 30.8%가 '매우 만

● 유연근무의 폭발적인 증가세는 한국여성정책연구원, 〈2020년 일·가정 양립 실태조사〉(연구보고서), 고용노동부, 2021 참조. 감소세 전환은 전기택·김종숙·김난주·신우리·최진희·노우리, 〈2021년 일·가정 양립 실태조사〉, 고용노동부, 2022, 16쪽 참조.

족'을 선택해, 합산 91.3%의 노동자가 재택근무에 만족한다는 결과가 집계됐다.[•]

그렇지만 2021년 3월 25일 발표된 서울시여성가족재단의 〈코로나 시대 서울여성의 재택노동은 안녕한가? 실태조사 결과〉에서는 사뭇 다른 결과가 나타났다. 앞선 설문조사가 재택근무 자체에 대한 노동자의 만족도를 물었다면, 이 실태조사는 재택근무로 인해 촉발된 상황을 조사했다는 데서 차이를 보인다. 이 조사는 재택근무의 장단점 등을 세부적으로 살폈다. 조사에 따르면 재택근무가 장기화됨에 따라 응답자 중 33.9%가 해고·실업에 대한 불안감을 느꼈으며, 31.5%가 임금이 줄었거나 고용형태가 바뀌었다고 응답했다. 특히 고용형태가 바뀌었다고 응답한 사람 중에는 정규직으로 업무를 시작했지만 재택근무가 장기화되면서 비정규직으로 바뀌었고, 사직하거나 사직 권유를 받기까지 했다는 이도 있었다.[••]

- 고용문화개선정책과, "재택근무 업무효율과 직무만족 모두 높게 나타나"(보도자료), 고용노동부, 2020. 09. 25.
- • 서울시여성가족재단, "코로나 시대 서울여성의 재택노동은 안녕한가? 실태조사 결과 발표"(보도자료), 서울특별시, 2021. 03. 25.

나는 지금까지 서로 다른 회사에서 재택·원격·탄력·선택근무를 모두 경험했다. 아이가 네 살이던 때부터 초등학교에 입학하던 시기까지, 총 5년간 세 군데의 회사에서였다. 처음 원격근무로 회사를 다녔던 건 2017년으로, 코로나19가 국내에 몰아치기 전이었다. 재택·원격근무의 장점은 사무실로 출퇴근해야 하는 수고가 상당 부분 줄어든다는 것이다. 반면 업무 환경을 온전히 개인이 구성해야 하는 어려움도 있었다. 주변에 물어보니 업무 환경을 만드는 데 필요한 물품을 구비할 수 있도록 지원금을 주는 회사가 있는가 하면, 노트북 하나만 달랑 지급하는 곳도 있었다. 그런 곳은 사원들에게 일할 수 있는 별도의 공간이 있는지, 장비는 충분한지 묻지 않았다.

실제로 내 친구 중 한 명은 코로나19가 아무리 기승을 부려도 재택근무를 신청하지 않았다. 통근 1시간 거리에 위치한 사무실로 부득불 출근했다. 힘들고 불편하지 않으냐 물었더니, 친구는 오히려 사무실이 훨씬 편하고 좋다고 했다. 집이 좁은데다 부모님과 함께 살고 있어 집에서는 일에 집중하기가 어렵다는 것이다. 딱 한 번 재택으로 일한 적이 있는데, 노트북 놓을 공간이 식탁 하나뿐이라 식탁에서 일할 수밖에 없었다고 했다. 부모님도 동선을 번거로워해 결국 친구가 온라인으로 회의하는 시간 내내 공원이나 노인정으로 나가 계시는 수밖에 없었다. 아프고 거동이 불편한 부모님이 이곳저곳을 전전하는 것보다 자기가 사무실에 나가는 게 모두 편한 길이었다고 덧붙였다.

나는 재택근무가 있어 그나마 일상을 버틸 수 있었지만, 그렇다고 해서 재택근무를 선호하는 건 아니었다. 그 외에 선택지가 없었을 뿐이다. 코로나19 대응수칙이 한참 엄격할 때는 어린이집에서 확진자가 한 명만 나와도 수시로 며칠이고 폐쇄되었다. 어린이집 폐쇄 기간에 아이를 홀로 집에 둘 수 없었으므로 나와 남편이 돌아가며 연차를 끌어 썼지만 그럴 수 없는 날도 많았다. 아이를 혼자 집에 둘 수도, 그렇다고 데리고 출근할 수도 없었기 때문에 어쩔 수 없이 재택근무를 신청했다.

당시 다니던 회사는 구성원 모두 재택근무를 하는 곳은 아니었기 때문에, 재택근무를 신청하고 나면 괜히 눈치가 보여 평소 사무실에 출근했을 때보다 일을 훨씬 더 많이 했다. 화상으로나마 회의에 적극적으로 참여했고 전화나 메일을 통해 수시로 업무보고를 했다. 그동안 아이에게는 놀잇감이나 숙제를 내줬지만 옆에서 30분을 채 버티지 못하고 떼를 썼다. 아이로서는 당연한 일이었다. 그러나 고작 몇 분사이에 업무 흐름이 끊기는 나로서는 스트레스가 폭발할 지경이었다. 하다못해 유튜브 동영상을 보여주는 것으로 타협하다 보면 자책감이 밀려왔다. 평소보다 일을 더 열심히 해야 할 것 같은데, 아이는 곁에서 떨어지지 않으니 낮은 집중도로 일을 더 오래 붙들었다. 근무시간이 길어지니 아이는 아이대로 짜증을 내고, 나는 나대로 지치고 화가 났다.

팬데믹이 아닌 때의 재택근무 역시 크게 다르지 않았다. 아이를 돌봐야 할 상황이 되면 내가 가사까지 떠안았다. 가장 큰 문제는 재택근무 자체가 아니라 재택근무를 하는 이에게 돌봄이나 가사노동이 자연스레 할당되는 인식구조였다. 그뿐인가. 회사 역시 문제가 있었다. 코로나19 대응수칙에 의해 재택근무를 급하게 도입한 조직은 대체로 재택근무에 대한 이해도가 깊지 않았다. 내가 있던 조직의 어떤 상사는 재택근무를 하는 직원에게 일을 할당하지 않거나 회의에서 배제하는 등 업무상 차별을 일삼았다. 대개의 차별이 그런 것처럼 그는 그게 차별이라는 것조차 이해하지 못했다.

이런 일은 비단 나에게만 일어난 게 아니었다. 〈코로나-19시대 재택근무로 전환된 부부의 갈등경험과 적응과정에 관한 연구: 아내의 경험을 중심으로〉라는 논문에서 연구자들은 불균형한 역할 분담 때문에 여성들이 고통을 겪은 사례를 하나하나 인터뷰했다. 여성들은 부부가 함께 재택근무를 하더라도 가사노동이나 돌봄노동을 더 맡았을 뿐만 아니라, 배달음식이나 온라인 장보기 등으로 가계지출이 증가하거나 집 안이 어지러졌을 때 문책을 당하기까지 했다.*

한편 〈코로나19 시기 취업모의 재택근무와 유아기 자녀의 문제행동 간의 관계: 양육스트레스와 강압적 양육행동의 매개효과를 중심으로〉라는 논문은 취업모의 상당수가 재택근무와 돌봄노동을 병행함에 따라 양육 스트레스가 증가하고 있음을 밝혔다. 연구자들은 양육 스트레스가 강압적 양육 행동으로 이어지면서 유아기 자녀의 문제행동에 영향을 끼칠 수 있다고 지적했다(단, 이는 단일매개가 아니라 순차적 매개효과임을 강조했다). 특히 이 연구는 재택근무 자체가 부정적이라고 단정하기보다, 재택근무가 양육 스트레스 증대로 연결될 수 있음을 강조하며 이에 대한 개선이 필요함을 역설한다.**

• 이유경·이헌주, 〈코로나-19시대 재택근무로 전환된 부부의 갈등경험과 적응과정에 관한 연구: 아내의 경험을 중심으로〉, 《가족과 문화》 제33권 제1호, 한국가족학회, 2021, 70~116쪽.

•• 이운경·주영선, 〈코로나19 시기 취업모의 재택근무와 유아기 자녀의 문제행동 간의 관계: 양육스트레스와 강압적 양육행동의 매개효과를 중심으로〉, 《가정과 삶의질연구》 제40권 제3호, 가정과삶의질학회, 2022, 17~33쪽.

─── 유연근무가 일·가정 양립에 도움이 되기 위해서는

유연근무는 제도만으로 이뤄지지 않는다. 유연근무가 자리 잡기 위해서는 문화와 인식의 변화를 비롯해 제도가 정착할 수 있는 시간이 필요하다. 앞서 언급했듯이 우리나라는 2019년~2021년 사이 유연근무 증감세가 10%p 이상 널뛰었다. 국내의 대표적인 테크 기업 카카오도 재택근무 도입 3년 만에 이를 철회하겠다고 밝혔다.[*] 코로나19의 영향 때문에 시작된 제도라고는 하나, 근무제도가 고작 몇 년 사이 경영진의 판단으로 손쉽게 바뀌는 건 너무나 아쉬운 처사다. 갑작스레 재택으로 바뀌는 것도, 재택에서 다시 오피스 출근으로 전환하는 것도 한 사람의 노동자에게는 노동 환경뿐 아니라 일·가정 양립의 패턴 자체를 다시 설계해야 하는 커다란 사건이기 때문이다. 게다가 그 노동자가 돌봄노동을 감당하고 있다면 일상의 구체적인 부분을 다시 손보고 조율해야 하는 과업에 놓인다.

　내 일상 속에서 유연근무는 대체로 과로로 직결됐다. 사무실에 나가 있을 다른 직원의 눈치를 보느라 그랬지만, 모

---

[*] 김윤수 기자, "카카오엔터, 3년 만에 재택근무 폐지…'2월부터 사무실 출근'", 《서울경제》, 2023. 01. 09.

든 구성원이 원격근무를 하는 회사에 다닐 때도 크게 다르지 않았다. 근무시간이 저마다 다르다 보니, 다른 구성원과 소통하기 위해서는 그 사람의 시간에 맞춰 더 오래 일해야 할 때도 생겼다. 모두 같은 시간에 근무하는 게 아닌 만큼 업무 메신저나 소통 채널에 알람이 끊이지 않았다. 나는 일을 모두 마친 뒤라도 매번 그러한 메시지에 응답해야 할 것만 같아 늘상 피로했다. 유연근무를 권장한다는 회사는 되려 내가 언제든 일할 수 있는 상황에 있기를 요구했다.

그뿐인가. 가사와 육아노동도 과로에 한몫했다. 매일 세 가족이 하루 종일 복닥거리며 머무는 집은 아무리 청소를 해도 금방 더러워졌다. 지갑 하나만 달랑 챙겨 나가기만 하면 되었던 점심시간은 함께 먹을 음식을 요리하고 치우는 시간 때문에 업무 밖 노동의 연장이 되어버렸다.

그렇지만 동시에 유연근무는 내가 아이를 기르는 동안 월급이 따박따박 나오는 생활을 유지하는 데 중요한 요소였다. 유연근무가 없었더라면 나는 코로나19가 기승을 부릴 때 직장을 그만둘 수밖에 없었을 것이다. 유연근무는 내 커리어를 유지하기 위해 매달아둔 인공호흡기 같았다. 유연근무를 통해 내 일상의 질적 수준은 오히려 나락으로 떨어졌지만 최소한 커리어의 명맥은 간신히 이어 나갈 수 있었으니까.

유연근무는 있으면 좋고 없어도 그만인 선택지가 아니다. 개개인이 돌발상황에서도 생활을 지켜내기 위해서 유연근무는 필수다. 그러나 유연근무가 그 자체로 보다 나은 삶을 담보하는 건 아니므로, 그것이 삶과 조화롭게 어우러질 수 있는 방법을 깊이 논의하고 연구할 필요가 있다. 돌봄노동과 근로를 동시에 해내는 노동자 모두 슈퍼히어로가 아니며, 그렇게 되어서도 안 된다.

15

커뮤니티는 나의 힘

★ ★ ★ ★ ★

'개발자'라고 하면 혼자 고독하게 앉아 컴퓨터 모니터를 뚫어져라 바라보고 있는 사람을 상상하기 쉽다. 그러나 개발자에도 많은 유형이 있다. 그중에서도 나는 동료들과 수다떨 듯 이야기를 자주 나누며 개발하는 스타일이다. 혼자 코드에 집중하는 시간도 당연히 필요하고 중요하지만, 이대로 가도 되는지 확신이 서지 않을 때는 언제나 동료의 피드백을 구했다. 작성한 코드를 동료들과 함께 보며 의견을 주고받는 코드리뷰나 가볍게 커피 한 잔 마시며 수다 떠는 형태의 티타임만 있어도 막혔던 부분이 곧잘 해소되곤 했다.

개발만이 아니다. 회사를 다니며 겪은 여러 인간관계 문제, 프로젝트의 진행 방향에 대한 논의도 주로 사람들과 대화를 많이 나누며 생각을 정리했다. 내가 보거나 느낀 것이 사실 나만의 인식에 갇혀 있던 일일 수도 있으니까. 여러 사람의 조언을 구하고 나면 어떻게 해야 할지 방향이 선명해지곤 했다. 회사뿐만 아니라 사이드 프로젝트나 시민사회에 기여하는 활동을 할 때도, 앞으로의 커리어와 공부 주제 등을 정할 때도 나는 사람들을 만났다. 꼭 그 주제에 관해 직접적으로 이야기하지 않더라도 대화를 나누다 보면 닫혀 있던 머리가 확 트였다. 내가 생각했던 방향이 맞았다면 감행할 용기가 솟아올랐고, 처음 생각이 적합하지 않았다면 방향을 선회해 새로운 선택지가 생겨났다. 내게 있어 사람을 만나 대화하는 건 그 자체로 확장의 경험이었다.

이런 이야기를 풀어놓으면 어떤 사람은 곧잘 같이 일하거나 대화하고 싶은 이를 어떻게 만날 수 있는지 물어보곤 했다. 여러 방법이 있겠지만, 내게 가장 편안하고 익숙한 방식은 커뮤니티였다. 커뮤니티는 접점이 없던 사람을 만나고 전혀 다른 주제를 접할 수 있는 좋은 기회다. 아마도 나는 이 방식을 청소년 때부터 배웠던 것 같다. 바로 온라인 게임 속의 길드로 말이다. 어떤 게임을 시작하든 나는 항상 길드에 가입했고, 길드원과 함께 팀을 짜서 레이드를 뛰거나 던전을 돌았다. 게임 공식 홈페이지를 샅샅이 뒤지거나 공략집을 읽으며 게임 세계를 파악해도 문제는 없다. 하지만 나는 길드원들과 함께 퀘스트를 수행하며 게임에 빠져드는 방식을 더 좋아했다. 종종 잘못된 정보도 있었지만 그럴 땐 다른 길드원이 나서서 교정해줬다. 길드를 좋아하던 청소년 게이머가 커뮤니티를 애정하는 어른으로 자라난 셈이다.

커뮤니티라고 하면 어딘가 근사해 보이지만, 사실 내게 있어 커뮤니티는 단순한 개념이다. 비슷한 관심사를 지닌 사람들이 두어 명 이상 (비)정기적으로 만나는 모임을 만들거나 그런 모임에 나가는 것. 온라인으로만 만나더라도 상관없다. 나는 오프라인에서 정기적으로 만나는 모임 한두 군데에 속해 있고, 상시적으로 온라인 채팅방을 열어놓고 이야기 나누는 채널이 대여섯 개 있다. 같은 지역에 사는 청년 모임부터 개발자 커뮤니티까지 주제도 매우 다양하다.

—— 페미니즘을 안전하게 이야기할 수 있는 커뮤니티

내가 가장 오래 머물고 있는 커뮤니티 중 하나는 '테크페미'다. 테크페미는 페미니즘에 동의하는 테크 업계 (예비) 종사자라면 누구든 가입할 수 있다. 단, 가입할 때 테크페미의 커뮤니티 약속문에 동의해야 한다. 약속문에는 '상대방을 배제하지 않고 배려하는 언어를 사용'하며 '성숙한 토론문화'를 만들자는 내용이 담겨 있다.

처음 테크페미를 안 건 2016년 5월 강남역에서 일어난 살인 사건 때문이었다. 피해자가 강남역 한복판에 있는 건물 화장실에서 아무 연고 없는 남성에게 갑작스럽게 살해당했다. 가해자는 20대 청년으로, '여성들이 나를 무시해서' 범죄를 저질렀다고 밝혔다. 실제로 그는 화장실 근처에 숨어 남성이 아니라 여성이 나타나기만을 기다렸다. 이 때문에 사건의 핵심에 여성혐오가 있다는 게 드러났다. 많은 여성이 추모하는 마음을 담아 "나는 우연히 살아남았다." "너는 나였다." 같은 글귀를 포스트잇에 적어 강남역사에 붙였다. 그러나 수일이 넘도록 붙어 있던 강남역사의 포스트잇은 시간이 지나며 차츰 사라졌다.

'강남역 살인 사건 1주기 추모 웹사이트'는 2017년 5월 강남역 살인 사건 1주기에 돌연 나타났다. 웹사이트는 포스트잇 모양으로 디자인되어 있었다. 이 웹사이트는 1년 전 여성들이 강남역에 붙인 추모 포스트잇을 상기시켰다. 웹사이트를 제작한 단체가 어디인지 살펴보니 테크페미라는 곳이었다. 곧바로 트위터 계정을 찾아봤고 가입을 신청했다. 그 이후부터 지금까지 쭉 함께하고 있다.

테크페미는 느슨하게 운영되는 커뮤니티다. 온라인 소통

도구인 슬랙Slack 채팅방에 접속해 간헐적으로 대화를 나누며 질문하기도 하고, 그 안에서 새로운 소모임을 만들기도 한다. 지금까지 테크페미는 '여성 기획자 컨퍼런스'를 두 차례, '여성 개발자 컨퍼런스'를 한 차례 열었다. 대규모 행사를 준비할 때는 준비팀을 모집해 론칭하는 날까지 바짝 일했다. 지금은 사라졌지만, 온라인으로 행사를 열고 참여 신청을 받을 수 있는 플랫폼 밋고meetgo를 개발하기도 했다.

나는 테크페미에서 굵직한 프로젝트를 한 적은 없지만, 소소하게 북클럽이나 글쓰기 모임 등에 참여했다. 매일 읽은 책을 사진으로 인증하거나 인상 깊었던 구절을 타이핑해 단체방에 공유했다. 그러면서 내가 읽은 부분을 다시 곱씹거나 다른 사람은 어떤 책을 읽는지 엿봤다. 희한하게도 내가 읽는 책보다 다른 사람이 읽는 책이 더 재미있어 보일 때가 많았다. 제각기 읽는 책의 분야는 다양했지만, 그중에서도 실무에 바로 적용할 수 있는 소프트웨어 엔지니어링이나 아키텍처 책은 다른 사람들이 공유해주는 인증사진을 보는 것만으로도 큰 도움이 됐다. 흥미로운 책은 제목을 메모해 뒀다가 붙잡고 있던 책을 다 읽고 나면 그 책으로 새로 독서를 시작했다. 한 달간의 책 읽기 인증이 끝나고 나면 온라인으로 모여 책과 북클럽에 대한 감상을 나누곤 했는데 그 역시 즐거운 시간이었다.

프리랜서를 처음 시작할 때 도움을 받았던 곳도 테크페미였다. 회사를 다니면서 혹은 회사를 그만두고 나서 프리랜서로 개발 업무를 할 일이 종종 있었다. 나는 그때마다 테크페미를 통해 필요한 서류와 계약 방법을 물어봤다. 그러면 이미 프리랜서로 일하고 있는 다른 이들이 계약서부터 종합소득세 정산까지 꼼꼼하게 답변해줬다.

독서부터 직업활동 공유까지 같은 지향 위에서 안전하게 이야기할 수 있다는 것이 테크페미의 가장 큰 장점이다. 성평등과 페미니즘에 관한 책을 읽고 이에 대한 감상을 마음껏 나눌 수 있다는 것, 직업 전선에서 일어난 불쾌한 일을 토로하고 또 해답을 모색해볼 수 있다는 게 언제나 내게 큰 힘이 되었다.

—— **나의 외연을 넓히는 커뮤니티**

'ESC'는 조직의 형태가 갖춰진 비영리법인이다. 대표와 이사진을 선출하며 회원들의 회비로 운영된다. 비록 ESC에서 활발하게 활동하는 건 아니지만, 나는 이곳을 무척 좋아한다. 과학을 전공한 이들뿐만 아니라 과학 출판 편집자, 과학 커뮤니케이터, 비평가 등 다양한 분야의 사람들이 소속되어 있기 때문이다. 과학과 기술 영역에 관심 있는 사람이라면 누구든 참여할 수 있다는 게 이 조직의 가장 큰 매력이다.

솔직히 말하자면 나는 물리학, 화학, 생물학 같은 과학 분야에 완전히 문외한이다. 그렇지만 과학을 다루는 대중서는 무척 좋아한다. 천문학은 지구를 벗어난 다른 행성을 상상할 수 있도록 도와주고, 지질학은 지금 내가 발 딛고 있는 땅이 지금까지 버텨온 아주 오래된 역사를 들려준다. 나는 과학교양서를 읽으며 과학적 지식을 디딤돌 삼아 새로운 감각을 열어내는 순간을 만끽한다.

ESC에서는 도슨트와 함께하는 과학관/박물관 탐방 프로그램이나 회원들의 발표 세션을 정기적으로 연다. 이 모임에 나가며 안 것 중 하나는 과학자가 생각처럼 무서운(?) 사람들이 아니라는 사실이다. 과학자들은 만나면 실험 이야기만 할 것 같았는데, 저마다 분야가 매우 달랐고 활동도 다양했다. 돌고래의 이동경로를 조심스레 따라다니며 연구하는 사람이 있는가 하면, 곤충의 울음소리를 수집하거나 화석을 직접 발굴하는 사람도 있었다. 이들의 발표를 듣다 보면, 내가 전혀 모르는 분야에서 일어나고 있는 연구와 그것에 몰두하는 과학자들의 진지함에 감동받아 어쩐지 마음이 몽글몽글해졌다(물론 발표 내용은 거의 알아듣지 못했다).

총회 때마다 아이돌봄 서비스나 자막을 살뜰하게 지원

하는 것도 ESC의 매력요소다. 상근자가 두 명뿐인 작은 조직이 모임에 직접 참여하기 어려운 사람들을 두루 살핀다는 건 당연히 쉬운 일이 아니다. 모임이 서울 중심으로 열린다는 의견을 반영해, 2022년에는 송년회를 대전과 서울에서 동시에 개최하기까지 했다. '변화를 위한 네트워크'라는 이름만큼이나 다양성을 고려하는 세심함이 반갑고도 고마웠다. 덕분에 나도 아이를 데리고 총회에 참석했다.

'Sluggish Hackers(게으른 해커들)'는 나와 동료들이 주도적으로 만든 커뮤니티다. 비영리단체인 정보공개센터의 활동가 조은, 비영리단체와 협력하는 개발자 후니와 함께 운영 중이다. 커뮤니티 이름은 후니가 지었다. 열 번 클릭해야 하는 것은 한 번으로, 매일 해야 하는 업무는 자동으로 바꿔 좀더 '게으르게' 일하자는 취지에, 기존에 일하던 방식을 해킹해 새롭게 만들자는 의미를 담았다. 커뮤니티의 소개 문구 중 하나는 "엑셀과 싸우는 시간을 줄여 세상과 싸우자"다. 이러한 취지에 따라 커다란 IT 서비스를 기획하고 개발하는 일이 아니라 지금 하고 있는 업무를 조금 더 가볍게 바꾸는 방향의 아이디어를 발제하고 토론한다.

첫 번째 모임에서는 미디어 스타트업 닷페이스의 공동창업자인 더기가 조직에서 사용했던 다양한 업무 자동화 사례를 소개했다. 그는 급여명세서를 자동으로 만든다거나, 법인

카드 사용내역을 실시간으로 공유하고 자동으로 정리하는 방법을 알려줬다. 실무에 적용한 경험을 공유해준 덕분에 다른 단체의 활동가들에게도 도움이 될 만했다. 그 이외에도 후니는 개발코드를 한 줄도 작성하지 않으면서 공공 데이터를 API*로 쉽게 활용하는 방법에 대한 워크숍을 열어 모두에게 큰 도움을 줬다.

개발자에게도 활동가의 업무 방식을 이해하는 것은 좋은 자극이 된다. 현장에서 뛰는 활동가의 문제의식을 엿볼 수 있기 때문이다. 실제로 활동가가 데이터를 보는 관점은 개발자와 다르다. 개발자가 데이터를 어떤 식으로 응용할 수 있는지에 몰입한다면, 활동가는 이 데이터에 차별 같은 사회적 문제가 어떻게 연결되어 있는지를 분석한다. 나는 서로의 관점이 융합할 때 개발자 역시 자신의 일터에서 일을 바라보는 관점을 조금씩 바꿀 수 있을 것이라 믿는다.

● API는 Application Programming Interface의 약자로, 특정 프로그램과의 통신을 좀 더 쉽게 만들어주는 인터페이스를 일컫는다.

우리의 장르는 성장물이 아니니까

어느 순간부터 나는 자기계발과 성장을 포기했다. 지금은 더 뛰어난 기술자가 되기보다 더 날선 관점을 가지길 원한다. 그래서인지 나는 업계에서 빛나는 성취를 이뤘다는 CEO들보다 지금 현장에서 발 벗고 뛰는 사람들에게 더 마음이 간다. 시스템 뒤에서 일하고 있는 노동자, 돌고래를 관찰하는 연구자, 농성장을 지키고 있는 활동가…. 나는 이런 사람들을 커뮤니티에서 줄곧 만나고 있다.

한 번은 《21세기를 살아가는 반자본주의자를 위한 안내서》라는 책을 다른 친구들과 함께 읽고 싶어서 무작정 책 표지를 인스타그램에 올렸다. 같이 읽을 사람을 모집한다고 하니 다섯 명이 DM을 보내줬다. 나와는 알음알음 아는 사이지만, 그렇게 모인 다섯 명의 친구는 서로 모르는 사이였다. 그래도 각자 책을 읽고 난 뒤 중간 지점에 모여 맛있는 걸 먹으며 책에 대한 감상을 나눴다. 이야기를 나누다 보니 내가 발견하지 못했던 문장을 새롭게 알 수 있었고, 내가 대강 넘겼던 단락도 좀 더 이해할 수 있었다. 모임은 그날로 끝이었지만, 커뮤니티라는 것이 꼭 오래 유지되어야 하는 건 아니지 않은가. 그래도 우리의 단체방은 여전히 남아 있어서, 저마다 읽다가 좋았던 책을 시시때때로 공유하고 있다.

서로에게 부담이 되지 않는 느슨한 모임이 때로는 그 자체로 힘이 된다.

커뮤니티는 내게 다른 이를 만나 나를 확장시킬 수 있는 좋은 기회를 제공해준다. 작게는 새로운 책을 소개해주거나 사람을 만나게 해주고, 때로는 직장을 선택하는 경로에 도움을 주며, 나아가 세계를 보다 깊이 이해할 수 있도록 시야를 트이게 한다. 물론 그렇다고 커뮤니티가 확장의 왕도라거나 정답이라는 말은 아니다. 저마다 맞는 방법이 있을 테니 그것을 찾아 나가면 좋겠다. 중요한 건 그 모든 게 성장으로 나아갈 필요는 없다는 사실이다. 인생은 소년만화가 아니고, 우리의 장르에 성장물만 있는 건 아니니까.

우리는 모두 무언가를
유지보수한다

장강명의 장편소설 《표백》에는 자살을 선언하는 청년들이
등장한다. 주인공 세연을 비롯한 몇몇 청년은 사회에 충격
을 주고자 직접 자살을 선택한다. 자살하기 직전 그들이 게
시한 자살선언문은 이렇게 시작한다.

> 1978년 이후 한국에서 태어난 사람들은 유지·보수자의 운명을
> 띠고 세상에 났다. 이 사회에서 새로 뭔가를 설계하거나 건설할
> 일 없이 이미 만들어진 사회를 잘 굴러가게 만드는 게 이들의 임
> 무라는 뜻이다. 이들은 부품으로 태어나 노예로 죽을 팔자다.*

이 문장을 읽자마자 곧바로 영화 〈설국열차〉가 떠올랐다. 무한히 달리는 설국열차의 결함을 보수하기 위해 황금칸 주민은 꼬리칸 어린아이를 데려다가 기계 사이로 내려보내 부품 대신 쓴다. 주인공이 마룻바닥을 열자 돌아가는 기계 바퀴 사이로 오래전 황금칸으로 끌려간 아이의 얼굴이 드러난다. 돌아가는 기계바퀴 사이에서 말라붙은 눈물 자국이 선연한 모습이다.

우리 사회에서 유지보수 노동이란 그런 것일까. 잘 보이지 않는 곳에 사람을 밀어넣고 기계를 그저 돌아가게 만드는 것. 뭔가를 새로 설계하는, 창의력이 빛나는 일감이 아니라 누구로 대체되어도 그만인 노동이라고. 나는 개발자보다 유지보수 노동자라는 직함을 더 편안하게 여긴다. 기술을 경유할 뿐, 시스템을 유지보수하는 것이 내 업무의 핵심이기 때문이다. 그러나 사람들이 모두 선망하는 테크 업계와 모두 기피한다는 전산실 사이의 격차는 언제나 멀미 나듯 어지러웠다.

물론 안다. 서비스만 봐도 다르지 않은가. 돈을 벌어오는

● 장강명, 《표백》, 한겨레출판, 2011, 186쪽.

서비스와 돈을 축내는 시스템 사이에는 결코 메울 수 없는 격차가 있으니까. 하지만 IT 서비스도 사내시스템도 결국 똑같이 코드를 짜는 일이라는 점에서 개발자가 하는 일은 결국 같은 노동이다. 같은 일을 하고 있는데도 가치가 항상 다르게 매겨지고, 우리 사회는 이를 당연시한다.

새로운 걸 만드는 일이 정말로 더 가치 있는 걸까? 그런 것 같기도, 아닌 것 같기도 하다. 다만 확실한 건 모두가 새로운 서비스만 기를 쓰고 출시한다면 인류는 지금보다 더 빠른 속도로 멸망하리라는 사실이다. 누군가가 서비스를 만들었다면 다른 누군가는 반드시 유지보수를 해야 한다. 유지보수 노동이 이뤄지는 곳, 설국열차의 마룻바닥 밑, 거기가 바로 전산실이다.

기피하기도, 무시당하기도 하는 장소지만 나는 전산실을 좋아했다. 내가 맡았던 시스템은 앞서 나가는 테크 기업이라면 절대 쓰지 않을 노후화된 개발언어로 만들어졌다. 10여 년을 훌쩍 넘긴 소스코드를 읽어 내려가다 보면 시스템의 역사를 오롯이 마주하는 기분을 느꼈다. 소스코드에는 기능별로 이 코드가 왜 필요한지, 언제 누가 작성했는지 간략하게 기록되어 있었다.

```
/*
Date: 2008.01.11.
Author: 김OO 대리
Desc: 결재DB와 연동
*/
```

때로는 익숙한, 대체로는 낯선 이름이 거기 들어 있었다. 코드가 작성된 날짜는 천차만별이었다. 심지어는 내가 고등학생이던 해에 작성된 코드도 있었다. 10여 년이 넘는 세월 동안 수많은 개발자가 오가며 코드를 덧댄 흔적을 마주하면 어쩐지 마음이 울렁거렸다. 오래된 시스템은 여러 사람이 아무렇게나 덧댄 누더기처럼 보일 수도 있지만, 나는 그 모든 발자국이 분별없이 좋았다. 지금은 떠나간 사람들을 시스템만은 기억하는 것 같아서.

코드에 내 이름을 처음 기입하던 순간의 두근거림도 잊을 수 없다. 별것 아닌 간단한 코드였지만, 코드를 작성하고 배포하며 가장 마지막에 내 이름을 기록했다. 드디어 세계에 발을 내딛은 듯한 설렘과 막연한 불안감이 함께 찾아왔다. 내가 올린 개발코드를 보고 사수였던 대리님이 웃으며 축하

해줬다. "경숙, 첫 코드 축하해."

/*

Date: 2012.03.11.

Author: 조경숙 사원

Desc: 개인정보 정책 변경에 따른 OO 컬럼 삭제

*/

내가 시스템을 사랑하는 방식은 하나였다. 오래 들여다보고 많이 눌러보는 것. 내가 맡아야 할 시스템이 생기면 아침에 일어날 때부터 밤에 잠들 때까지 핸드폰으로라도 들어가서 한두 번씩 더 접속해봤다. 좋아하는 사람의 얼굴을 한 번이라도 더 보고 싶듯, 내겐 시스템이 그랬다. 기관 홈페이지를 맡은 이후에는 주말이나 휴직했을 때나 수시로 홈페이지를 들락거렸다. 뭔가 결점이 보이면 개선 방향을 수립하고 이행하는 생산적인 프로세스는 아니었다. 처음에는 시스템에 오류라도 날까 봐 불안한 마음이었지만, 나중엔 잘 있는지 궁금해서 자꾸만 돌아봤다.

그땐 그 마음이 무엇인지 몰랐지만 이제는 알 것 같다. 아이의 잠자는 얼굴을 자꾸만 들여다보는 마음과 닮았음을. 시스템은 내가 책임지고 돌봐야 하는 정원이었다. 정원 한 구석에 시들고 있는 꽃은 없는지, 병든 나무는 없는지 둘러보고 매만지다 보면 정원도 응답하듯 더 찬란해졌다. 내가 돌보는 정원을 찾는 손님들이 "이번에 개편한 시스템 예쁘네." "더 보기 쉽고 찾기 빠르네."라고 한마디씩 남길 때마다 어깨가 으쓱 올라갔다. 물론 정원의 소유주는 내가 아니다. 그 사실을 잊지 않는 게 정원사의 의무다. 더 아름답고 편리한 정원을 위해 제안할 수는 있지만, 그 모든 걸 내 마음대로 결정할 수는 없다.

여러 시스템을 거쳤지만 그중에서도 나는 사내 임직원이 사용하는 ERP 시스템Enterprise Resource Planning System에 가장 마음이 갔다. 임직원이 업무 처리를 위해 쓰는 사내시스템을 개발하다 보면 다른 부서 직원들이 어떻게 일하는지를 좀 더 세밀하게 들여다볼 수 있었다. 반복적으로 손이 많이 가는 업무가 눈에 띄면 업무 담당자와 함께 손이 덜 갈 방법을 연구하곤 했다. 이해와 협의의 과정을 거쳐 시스템에 기능을 하나둘 더 추가할 때마다 마음이 뿌듯했다.

여기에 운영의 묘미가 있다. 내가 가장 성취감을 느끼는 순간은 시스템과 그것이 수행하는 작업이 딱 맞아 떨어질 때다. 사용자가 시스템의 편의성에 맞춰 일을 복잡하게 처리할 필요도 없고(대표적으로 나쁜 예가 바로 공인인증서다), 그렇다고 해서 시스템의 코드가 이용자의 편의에 맞추느라 번잡해지지도 않는 상태가 최상이다.

여러 회사를 옮겨 다니다가 만났던 사수 한 명은 내게 이런 말을 해줬다. 시스템은 그릇이기 때문에 개발자는 이 그릇에 무엇이 어떻게 담기는지도 함께 고민해야 한다고. 내가 만들 시스템에 담길 업무 혹은 콘텐츠가 무엇인지 생각하며 만들어야 그것에 가장 적합한 그릇을 만들 수 있다고 말이다. 그 이후로는 내가 만드는 게 어떤 그릇인지 오래 생각했다. 그릇은 기능과 미관뿐만 아니라 크기 역시 중요하다. 담아내는 것에 비해 크지도, 작지도 않아야 한다. 간혹 사람들은 하려는 것에 비해 너무 과한 시스템을 상상하거나, 주어진 조건에 맞춰 대강 해치워버리려고 한다. 대개 전자는 그럴 듯한 실적을 위해서, 후자는 예산과 시간의 제약을 이유로 나타난다. 둘 중 어느 쪽에도 쉽게 타협하지 않으려면 끈질기게 고민해야 한다. 오래 고심해서 시스템의 적정한 규모를 가늠하고 결국 구현해냈을 때 나는 이 노동의 아름다움을 느낀다.

유지보수 노동자는 시스템을 언제나 정상적인 상태로 운영하기 위해 많은 것을 고려한다. 사용자의 컴퓨터 환경, 브라우저마다 다르게 설정해야 할 업데이트 주기, 보안 프로그램 패치, 정책 변경에 이르기까지 다양하다. 실제로 정책이 하나 바뀔 때마다 개발자, 기획자 들이 시스템에 달라붙어 몇 날 며칠 밤을 새며 정책을 비로소 기능으로 만든다. 이를테면 일회용 컵 보증금제가 시행되었을 때, 여러 업계에서 일하는 기획자·개발자 친구들은 저마다 밤을 새며 작업하고 있었다. 보증금까지 함께 결제했다가 나중에 컵이 반납되면 다시 보증금을 환불해주는 프로세스를 만들고, 보증금은 비과세로 처리하는 등의 로직을 개발하며, 이런 과정이 제대로 돌아가는지 테스트해야 했기 때문이다. 시행 첫날 잠을 못 자 충혈된 눈으로 환급이 제대로 이뤄지고 있는지 모니터링하고, 모니터링에서 발견된 자잘한 오류를 신속하게 고치는 것도 이들의 노동 덕택이다.

《표백》의 자살선언문에서 언급된 것처럼, 유지보수 노동자의 임무는 세상을 '잘 굴러가게 만드는 것'이다. 이 문장에는 세상은 결코 그냥 굴러가지 않는다는 진실이 담겨 있다.

길거리에 쌓인 눈은 누군가 비질을 하기 때문에 치워지고, 가을마다 쏟아지는 낙엽도 미화노동자가 포대기에 모아 버리기 때문에 없어진다. 그뿐인가. 누구나 자신의 집을, 커리어를, 나아가 삶을 유지보수한다.

나는 출근하고 나면 시스템을 유지보수하고, 퇴근하고 나면 집을 돌본다. 세탁물을 정리하고 싱크대에 쌓인 그릇을 설거지하며 마룻바닥에 나뒹구는 머리카락을 쓸어낸다. 부엌에서 보글보글 끓는 된장찌개, 먼지 없이 깨끗한 창틀은 모두 누군가의 손이 거쳐야만 탄생한다. 밥 대신 야근을 끼니처럼 때우던 프로젝트가 마침내 끝나던 날, 집으로 돌아와 보니 모든 것이 엉망이었던 기억이 선명하다. 냉장고에는 곰팡이 핀 반찬이, 책상 아래에는 먼지 구덩이가, 마루에는 포장도 뜯지 못한 택배상자가 쌓여 있었다. 퇴근 후나 주말시간을 이용해 조금씩 치우고 청소했지만 다시 모든 곳을 깨끗하게 돌려놓는 데는 한 달이 걸렸다. 그사이 막혀버린 하수구도 뚫었고, 계절이 바뀌는 통에 옷가지도 정리했다. 전쟁통 같던 집을 겨우 원상태로 복구한 뒤에야 가사라는 것 역시 우리 집을 유지보수하기 위해 필수불가결한 노동이었음을 깨달았다. 나와 우리 가족의 생활이 바로 그 노동 위에 기거하고 있었던 것이다.

유지보수 노동은 강도도, 양도 상당하다. 시스템도, 개인
생활도, 나아가 사회도 누군가 꾸준히 시간을 쏟아부어야
비로소 유지된다. 어떤 사람은 여러 개의 공을 저글링 하듯
숨 쉴 틈 없이 유지보수 업무를 여럿 떠안는다. 그러나 유지
보수 노동은 결코 빛나는 성취를 안겨주지 않는다. 아주 특
별한 때가 아닌 이상에야 눈에 잘 띄지도 않기 때문에 보람
을 느끼기도 쉽지 않다. 그렇기 때문에 유지보수 노동은 제
대로 값이 매겨지지 않고 대체로 평가절하된다.

그러나 아무도 컵을 씻지 않는다면 어떨까. 누구도 거리
를 청소하지 않는다면. 고장 난 스크린도어를 수리하는 사
람도, 전봇대에 올라가 전선을 고치는 사람도 없어진다면.
대륙을 끊임없이 횡단하는 설국열차조차 어린아이가 노동
하지 않으면 금세 멈춰버릴 만큼 허술하지 않았나. 어쩌면
나는 바로 그런 장면을 기다리는지도 모르겠다. 아무것도
유지보수되지 않아 모든 것이 멈춰 섰을 때, 우리가 미처 몰
랐던 노동을 발견하는 한순간을, 노동하는 사람들의 얼굴을
비로소 떠올리는 시간을.

액세스가 거부되었습니다

전지적 여성 시점으로 들여다보는 테크 업계와 서비스의 이면

1판 1쇄 발행일 2023년 6월 12일

지은이 조경숙

발행인 김학원
발행처 (주)휴머니스트출판그룹
출판등록 제313-2007-000007호(2007년 1월 5일)
주소 (03991) 서울시 마포구 동교로23길 76(연남동)
전화 02-335-4422 **팩스** 02-334-3427
저자 독자 서비스 humanist@humanistbooks.com
홈페이지 www.humanistbooks.com
유튜브 youtube.com/user/humanistma **포스트** post.naver.com/hmcv
페이스북 facebook.com/hmcv2001 **인스타그램** @humanist_insta

편집주간 황서현 **기획** 김주원 **편집** 김주원 전두현 **디자인** 양진규
조판 홍영사 **용지** 화인페이퍼 **인쇄** 청아디앤피 **제본** 민성사

ⓒ 조경숙, 2023

ISBN 979-11-6080-755-4 03300